Julia Jannsen

Auf dem Einhornpfad

Dieses Buch widme ich meinem Vater und meinem Großvater.

Alle Erfahrungen, Erlebnisse und Menschen, die ich in diesem Buch beschreibe, entsprechen der Wirklichkeit und sind wahrheitsgetreu wiedergegeben.

Inhalt

Einleitung

Als ich mein Buch »Sternenkind« beendet hatte, wusste ich, dass die Reise zurück zu meiner Wahrheit noch nicht zu Ende war. In den drei Jahren, die zwischen der Veröffentlichung von »Sternenkind« und dem Heute liegen, ist sehr viel geschehen.

Dies alles aufzuschreiben, wäre für mich und für euch als Leser ein langwieriges Unterfangen, und daher ist »Auf dem Einhornpfad« einerseits die Fortsetzung von »Sternenkind«, andererseits jedoch auch ein ganz eigenes und neues Buch.

Wir befinden uns auf dem Weg in das neue Zeitalter. Somit ist es auch an der Zeit, veraltete Ideen, Ideologien und Glaubensansätze loszulassen. Ich möchte in meinem Buch den Weg zu sich selbst aufzeigen und nehme bewusst Abstand von den geläufigen esoterischen Ansätzen. In diesem Bereich sind mir in den vergangenen Jahren zu oft Fehlinformationen im Namen der Liebe und Heilung begegnet, weshalb ich der Meinung bin, dass auch der esoterische Markt Teil der alten Energie ist. Besonders ist mir das in der Vermarktung der Einhörner aufgefallen, und deshalb möchte ich in diesem Buch mein Wissen über die Einhörner vermitteln und ihre wahre Geschichte erzählen.

Kapitel 1

Der Ruf der Einhörner

Wenn man heutzutage in unserer modernen, gut organisierten und aufgeklärten Gesellschaft erzählt, dass man ein inkarniertes Einhorn ist, sprengt man natürlich das allgemeine Verständnis seiner Mitmenschen.

Zugegeben in einer Welt, in der oft nur über das Wetter geredet wird und die täglichen Nachrichten in den Medien für bare Münze gelten, ist es schwer vorstellbar, dass ein Mensch mit klarem Verstand von sich behauptet, ein solches »Fabelwesen« zu sein. Darum möchte ich allen zweifelnden Gemütern versichern, dass Einhörner wahrhaftig existieren und keine Fabelwesen sind. Die Einhörner gehören zu den Elementarwesen. Das Elementarreich ist ein Teil der Erde, und ihre Bewohner sind die Naturwesen, die im menschlichen Bewusstsein fälschlicherweise als Märchen- oder Fantasie-Gestalten dargestellt werden.

Das Reich der Elementare war einst mit dem Bewusstsein der Menschen verbunden, und die sogenannten Schleier waren durchlässig. Die weisen Druiden und Priesterinnen, Heilerinnen und Zauberer pflegten mit den Elementarwesen eine enge Freundschaft. Das gesamte Heilwissen bezogen die Hexen und Magier von den Elementarwesen, und diese stellten es bereitwillig der Menschheit zu ihrem Wohle zur Verfügung. Der Rhythmus beider Welten war ein Geben und Nehmen.

Die Menschen ehrten die Natur und ihre Lebewesen, und die heidnischen Bräuche waren Ausdruck der menschlichen Wertschätzung für die Hilfe und Unterstützung der Elementare.

Doch je mehr die Kirche durch den »Glauben« ihre Macht ausübte und je mehr Männer und Frauen für ihr Wissen, ihre Bräuche und ihre Heilkünste auf Scheiterhaufen verbrannt wurden, desto mehr zogen sich die Elementarwesen zurück.

Auch gab es unter den Eingeweihten solche, die das Wissen und ihre Magie und damit das Vertrauen der Elementarwesen missbrauchten. Die Reihen der Weisen spalteten sich auf, und so entstand die Trennung von Elementarreich und Menschenwelt.

Bis heute liegt das Reich der Elementare im Verborgenen, und nur Kinder und medial begabte Menschen sind mit den Elementarwesen in Kontakt. Da sich die Erde mit all ihren Bewohnern im Bewusstseinswandel befindet, den ich persönlich gerne als »Herzöffnung« bezeichne, ist nun auch die Zeit gekommen, dass die Regenbogenbrücke beide Welten wieder miteinander verbindet.

Ich würde vermuten, dass die meisten von euch, die diese Zeilen jetzt lesen, inkarnierte Elementarwesen sind oder in engem Kontakt zu ihnen stehen.

Gerne möchte ich an dieser Stelle betonen, dass jeder Mensch im Universum seine Aufgabe hat und dem großen Ganzen dient. Daher erlaube deinem Ego, ein wenig in den Hintergrund zu treten, und dem Verstand, einen sonnigen Gruß aus dem Herzen zu empfangen, wenn du dir in Bezug auf deine Seelenherkunft noch unsicher bist.

Seit drei Jahren wird ein ziemlich großes Theater um die Einhörner gemacht, indem ihnen die Rolle von etwas »Besonderem« zugesprochen wird. Dies halte ich für eine verzerrte Wahrheit, denn der Ursprung jeder Seele ist göttlich, einzigartig und wundervoll, und wir alle haben uns dafür entschieden, als Menschen auf der Erde zu leben, unabhängig davon, wer oder was wir sind!

***

Seit meiner Kindheit fühle ich mich in meinem menschlichen Körper fremd, und viele menschliche Verhaltensweisen des Egos widersprechen den Impulsen meiner Seele. Diese Gefühle gaben mir vor einigen Jahren die Gewissheit, dass ich etwas anderes als »nur« ein Mensch sein musste.

Mir ist schon klar, dass sich der ein oder andere jetzt fragt, ob mir mein Verstand vielleicht einen Streich gespielt habe – oder ob ich zu diesem Zeitpunkt nicht ganz bei Sinnen war. Weder mein Verstand noch meine mentale Verfassung hatten etwas mit diesen Gefühlen zu tun. Vielmehr ließ ich in der Stille und bei unzähligen Waldspaziergängen diese Gedanken zu; das ist etwas, das Mut und Vertrauen erfordert.

Als die Einhörner in mein Leben traten, blickte ich bereits auf einen sehr bunten Lebensweg, der mit mystischen, spirituellen, hellsichtigen und medialen Erfahrungen gepflastert war. In jenem Sommer lebte ich in einem kleinen Dorf nahe bei Hamburg. Das Haus lag direkt an einem wunderschönen Waldgebiet.

Da ich viele Jahre mit Reisen und Umzügen verbracht hatte, bestanden meine sozialen Kontakte aus einer Handvoll Menschen. Die meiste Zeit verbrachte ich allein. Ich arbeitete an meinem Buch »Sternenkind« (erschienen 2010 im Wagner Verlag) und machte stundenlange Spaziergänge in dem nahegelegenen Wald, meinem »Zauberwald«, wie ich ihn nannte. Dass ich mich dabei gern mit den Feen und Kobolden des Waldes unterhielt, wusste außer mir niemand.

Im Laufe der Jahre hatte ich gelernt, mit meinen medialen Fähigkeiten und Wahrnehmungen zu leben und auch, dass ich dadurch einen ganz entscheidenden Teil, der mich als Mensch ausmacht, kaum mit anderen teilen konnte. Die Zweifel und Ängste der anderen Menschen machten es nicht einfacher, meine Wahrheit auszusprechen, so dass ich vieles für mich behielt und eine Art »Doppelleben« in Kauf nahm.

Bei einem dieser Spaziergänge im Frühsommer nahm ich eine neue Energie um mich herum wahr. Zugleich begleitete mich eine innere Unruhe, ein Zeichen für einen anstehenden Transformationsprozess. Wer Erfahrungen mit spirituellen Prozessen hat, der weiß, dass solche Phasen mitunter sehr emotional und körperlich anstrengend sein können.

Trotz des wundervollen Sommerwetters, fühlte ich mich traurig und war, auf »gut deutsch« gesagt, »mies drauf«. Ich spürte, dass eine Veränderung bevorstand, ohne wirklich zu wissen, was auf mich zukommen würde. Ich ließ die Energie vorerst auf mich wirken und fragte meine geistige Führung, was es damit auf sich hatte. Die geistige Welt hat ihre eigene Art unsere Fragen und Gebete zu beantworten oder uns Zeichen zu senden. Es vergingen ein paar Tage, ohne dass sich mein Gemütszustand verbesserte oder ich eine Antwort auf meine Frage bekam.

Die anstehende Transformation machte sich durch vertraute Symptome wie Müdigkeit, Schwindelgefühle und intensive Träume bemerkbar; einen Zustand, den ich gerne mit den Worten beschreibe, dass ich »zwischen den Welten segle«.

***

In einer der folgenden Nächte träumte ich von einem Einhorn. Das Bild war verschwommen, und ich wachte sofort auf.

Tränen kullerten mir aus den Augen. Ich wusste nicht so genau, wie mir geschah, und ließ meinen Gefühlen ihren Lauf. Nachdem ich meine Fassung wiedererlangt hatte, saß ich hellwach und aufrecht im Bett. An Schlaf war nicht mehr zu denken. Ich stand auf und ging in die Küche, um mir einen Tee zu machen. Es dämmerte bereits, und mit meiner Tasse in der Hand setzte ich mich an den Küchentresen und starrte aus dem Fenster. Einhörner! Tausend Gedanken schossen mir durch den Kopf, und immer noch war ich wie in Nebel gehüllt. Ich vertraute der Vision in meinem Traum, ohne zu begreifen, was es damit auf sich hatte.

Mag sein, dass der eine oder andere an solchen Wahrnehmungen zweifelt, denn die spirituelle Welt, die meine Wahrheit ist, lässt sich weder mit Rationalität noch wissenschaftlichen Fakten erklären. Ich hatte nie an der wahrhaftigen Existenz von Einhörnern gezweifelt, obwohl sie in meinem bisherigen Leben keine bewusste Rolle gespielt hatten. Nun erwachte die Neugier, was es denn mit ihnen auf sich hatte. Ich wartete bis die ersten Sonnenstrahlen den Morgen einläuteten, schlüpfte aus meinem Schlafanzug in T-Shirt und Shorts und machte mich auf in den Wald.

An einem meiner Lieblingsplätze setzte ich mich in das weiche Moos. Die Sonne wärmte mein Gesicht, und der würzige Duft der Fichten stieg in meine Nase. Ich atmete tief ein, um mich zu zentrieren und mich ganz bewusst mit den Einhörnern zu verbinden. Es dauerte keine Sekunde, und mein Drittes Auge fing ganz stark an zu kribbeln. Es fühlte sich an wie ein Energiestrahl, der spiralförmig aus meiner Stirn kam, und mir wurde ein bisschen schwindelig.

Nach ein paar Minuten war alles wieder vorbei. So wirklich konnte ich mit dem ganzen noch immer nichts anfangen. Vielleicht hatte ich ja gedacht, im Wald einem Einhorn zu begegnen, doch so einfach sollte der Weg nicht sein. Ich genoss noch ein wenig die morgendliche Sommersonne und machte mich dann auf den Heimweg.

Dieses Erlebnis blieb vorerst das einzige, denn die nun folgenden Tage verliefen ohne weitere Ereignisse, die auf die Einhörner zurückzuführen waren. Mein Gemütszustand war immer noch ein Auf und Ab an Emotionen, was ich akzeptierte. Ich nutzte die Zeit, um ganz bewusst in die Energie der Einhörner hineinzufühlen, und freute mich über die feine und leichte Energie – weich und samtig wie ein warmer Sommerwind, der einem zart das Gesicht streichelt.

***

Ein paar Wochen verstrichen, und es ging allmählich auf den Herbst zu, als mich ein befreundetes Ehepaar einlud, ein Wochenende bei ihnen an der Ostsee zu verbringen. Ich freute mich sehr über diese willkommene Abwechslung und sagte zu.

Am darauffolgenden Freitag machte ich mich gleich nach dem Frühstück auf den Weg. Es lag eine Autofahrt von zwei Stunden vor mir, und ich fuhr gutgelaunt und bei strahlendem Sonnenschein los. Während der Fahrt dachte ich an die Einhörner und staunte nicht schlecht, als vor mir plötzlich ein Geldtransporter der Firma »Unicorn« auftauchte. Ein deutliches Zeichen. So ließ ich meine Gedanken schweifen, soweit es die Konzentration auf das Fahren erlaubte. Mir fiel plötzlich ein, dass ich drei Jahre zuvor schon einmal diesen Geldtransporter gesehen hatte, und in der selben Zeit war mir auch eine Einhornstatue aufgefallen, die auf dem Dach eines Industriegebäudes in den Himmel ragte. Zu diesem Zeitpunkt hatte ich mir noch nicht viel dabei gedacht, doch nun erschienen diese Erinnerungen in einem ganz neuen Licht.

Ich traf etwas früher als verabredet in Rendsburg ein und nutzte die Gelegenheit, um noch einen Abstecher ans Wasser zu machen. Ich ließ mich von meiner Intuition leiten, die mich an eine kleine Bucht führte. Mein Auto parkte ich auf einem Parkplatz direkt am Strand. Ich freute mich sehr darüber, etwas Zeit am Meer verbringen zu können.

Entspannt watete ich durch den Sand. Ich liebe es, am Meer spazieren zu gehen, meinen Geist in die reinigende Energie des Wassers eintauchen zu lassen und dabei Muscheln zu sammeln. Heute jedoch fiel mein Blick auf eine wunderschöne Feder. Sie war schneeweiß und von einem magischen Hauch umgeben. Ich überlegte, von welchem Vogel sie wohl sein könnte, denn es war weder eine Möwen- noch eine Schwanenfeder. Als ich wieder an meinem Auto angekommen war, hängte ich die Feder an die Perlenkette, die an meinem Rückspiegel befestigt war, und machte mich auf den Weg zu meinen Freunden.

Kristina und Ralph kenne ich seit meiner Zeit in Lagos (Portugal), wo ich einige Zeit gelebt habe. Die beiden waren nun auch nach Deutschland zurückgekehrt, und da wir uns lange nicht gesehen hatten, gab es einiges zu erzählen. Der Abend endete mit zwei Flaschen Rotwein, und so ließen wir den Samstag eher ruhig angehen.

Als wir Sonntag beim Frühstück saßen, machte Ralph den Vorschlag, nach Flensburg zu fahren. Dort war verkaufsoffener Sonntag. Trotz Nebels und Nieselregens fanden Kristina und ich die Idee großartig. In Flensburg angekommen, schlenderten wir durch die Fußgängerzone. Die Schaufenster der Läden luden zum Kaufen ein. Ich ließ mich in der geschäftigen Menge treiben, als es mich plötzlich, wie von unsichtbarer Hand geführt, in eine kleine Nebengasse zog. Hier befand sich ein Esoterikladen. Immer noch von einer fremden Kraft gelenkt, ging ich in den Laden hinein. Er war sehr gut besucht.

Ich schlängelte mich an den Menschen vorbei zu einem Bücherregal. Dort angekommen, steuerte die Buchhändlerin zielstrebig auf mich zu. Ohne ein Wort zu sagen, drückte sie mir ein Buch in die Hand und ließ mich damit überrascht stehen. Der Titel des Buches lautete: »Das Wunder des Einhorns« von Diane Cooper. Ein Schauer lief mir über den Rücken. Mir war bewusst, dass die Einhörner das ganze eingefädelt hatten und ich dieses Buch in die Hände bekommen sollte. Ohne lange zu überlegen, kaufte ich das Buch und verließ den Laden.

Ich erzählte Ralph und Kristina von diesem Erlebnis. Kristina sagte lächelnd: »Typisch, Julchen.«

Natürlich war ich gespannt auf den Inhalt des Buches und begrüßte es sehr, als meine Freunde für eine ganze Weile in einem Schuhladen verschwanden. Ich hatte mich dafür entschieden, auf einer Bank in der Fußgängerzone zu warten. Neugierig schlug ich das Buch in der Mitte auf. Der erste Satz auf der Seite lautete: » Einhörner schicken dir Federn als Zeichen.«

Mein Körper war von einer Gänsehaut überzogen. Natürlich fiel mir sofort die weiße Feder ein, die ich zwei Tage zuvor am Strand gefunden hatte und die nun den Rückspiegel in meinem Auto zierte.

Jetzt wollte ich ein klares Zeichen haben. Im Geiste sprach ich zu den Einhörnern: »Wenn ihr wirklich an meiner Seite seid, dann schickt mir sofort ein deutliches Zeichen.«

Was anschließend passierte, ist so genial und magisch zugleich, dass es jeden Zweifel über Bord wirft: Mein Kopf drehte sich, wie von Engelshand bewegt, über meine linke Schulter, so dass mein Blick auf das Vordach eine Apotheke fiel. Auf dem Vordach leuchtete eine goldene Einhornstatue, die nicht zu übersehen war. Die Existenz der Einhörner war für mich jetzt eindeutig bestätigt.

***

Das Buch las ich noch am selben Abend komplett durch. Vieles von dem, was Diane Cooper aufgeschrieben hatte, war mir vertraut, doch bei einigen Informationen hatte ich das Gefühl, dass sie falsch waren. Ich wollte mir nicht anmaßen, Diane Coopers Wissen in Frage zu stellen, doch etwas an dem ganzen hatte eine seltsame Energie.

Noch wirkte alles wie ein Traum, nicht wirklich greifbar, und trotzdem spürte ich, dass ich meiner Wahrheit näher war als jemals zuvor. Ich lag an diesem Abend noch lange wach, während meine Gedanken, Fragen und Gefühle durch die Stille der Nacht wanderten.

Kapitel 2

Seelenreise

Von Tag zu Tag fühlte ich mich mehr mit der Einhornenergie verbunden. Drei Wochen später erhielt ich die nächste Botschaft. Beim Einkaufen entdeckte ich eine Flasche Rotwein, auf dessen Etikett ein goldenes Einhorn zu sehen war. Natürlich wollte ich diesen Wein probieren. Als ich an der Kasse in der Schlange stand, fiel mir ein Kärtchen auf, das an dem Flaschenhals befestigt war.

Die Winzerei des Weines veranstaltete einen Autorenwettbewerb. Die Teilnehmer sollten eine Kurzgeschichte schreiben, in dem ein Einhorn, der Name des Weines, »Oberon«, und das Produkt selbst vorkommen sollten.

Noch am selben Abend setzte ich mich an meinen Laptop. Ich ließ die Worte aus meinem Geist fließen. Es schien, als sei die Geschichte schon lange geschrieben worden und ich brachte sie jetzt zu Papier. Die Geschichte nannte ich die Regenbogenbrücke (siehe S. 96). Innerhalb einer Stunde war ich fertig und las sie dann noch einmal in Ruhe durch. Die Worte berührten meine Seele, obwohl ich sie selbst geschrieben hatte, und einige Tränen flossen an meiner Wange hinunter. Am darauffolgenden Tag brachte ich das Kuvert zur Post. Mit einem guten Gefühl übergab ich den Brief mit meiner Geschichte einem Postbeamten.

***

Über die Weihnachtszeit war ich nach Buxtehude gezogen. Meine neue Wohnung lag in der altertümlichen Innenstadt direkt am Fleet. Ich freute mich auf meinen neuen Lebensabschnitt. Dennoch fuhr ich regelmäßig in meinen Wald, der mit dem Auto immer noch gut zu erreichen war. Gerade jetzt im Winter lag er verwunschen in eine weiße Schneedecke eingehüllt.

Ich machte gerade wieder einen Spaziergang, als ich an John denken musste. Wir hatten uns im vergangenen Sommer auf einer Party kennengelernt. John war Ire und als Saisonarbeiter mit seinen Brüdern in Deutschland unterwegs. Er war mir von der ersten Sekunde an sehr vertraut, so dass sich aus der Partybekanntschaft schnell eine Freundschaft entwickelte.

Wir teilten dieselben Gedanken und Vorstellungen von der Welt, und ich erkannte in ihm ein Sternenkind, so wie ich eines bin. Unsere Seelenverbindung wurde durch die Tatsache unterstützt, dass wir dieselbe Augenfarbe haben. Da ich schon häufig auf meine grünen Augen angesprochen wurde und sie, allem Anschein nach, eher ungewöhnlich und selten sind, war es etwas Besonderes einen Menschen mit genau denselben Augen zu treffen. Unsere Freundschaft war für diesen einen Sommer bestimmt, doch durch die Begegnung mit ihm wurde ich an Irland erinnert. Die grüne Insel hatte schon immer eine anziehende Wirkung auf mich gehabt.

Bei einem unserer ersten Gespräche stellte John fest, dass ich Ähnlichkeit mit einer Irin habe. Jetzt erinnerte ich mich wieder an seine Worte. Natürlich war es kein Zufall gewesen, dass wir uns getroffen hatten, dessen war ich mir sicher. Ich grübelte über die Zusammenhänge unserer Begegnung nach. John tauchte zeitgleich mit den Einhörnern in meinem Leben auf. Während ich durch den Schnee lief, erkannte ich, wofür das Zusammentreffen mit John bestimmt war. Er war mir begegnet, damit ich meine Verbindung mit Irland erkennen konnte. So klar wie die Winterluft, die meine Nasenspitze mittlerweile gerötet hatte, war diese Erkenntnis. Ich sollte nach Irland reisen. Würde ich dort die Antworten auf meine Fragen bekommen? Noch am selben Abend buchte ich ein Flugticket für den 01.05.2009 und folgte einmal mehr dem Ruf meiner Seele. Die Zeit war reif für eine neue Reise.

***

Ist einmal eine Entscheidung getroffen, dann öffnet das Universum die passenden Tore und Türen. So schmunzelte ich einmal mehr über die kosmische Genialität, als ich zu meinem Geburtstag im Februar das Buch »Elfensommer« von Tanis Helliwell geschenkt bekam. In diesem Buch beschreibt die Autorin ihre erste Irlandreise und die Begegnung mit den Elementarwesen. Natürlich bekam ich durch diesen Erfahrungsbericht ein Gefühl für Irland, die Heimat der Elementare. Mit jeder Zeile, die ich las, wuchs meine Neugierde. Ein neues Abenteuer stand vor der Tür, und ich war bereit.

***

Die Abreise rückte immer näher. Die Zeichen waren eindeutig – ich befand mich auf dem richtigen Weg. Eine Woche vor meinem Abflug fiel mir das zweite Buch von Tanis Helliwell »Elfenreise« in die Hände. In einem der Kapitel erwähnt die Autorin den erste Mai als einen keltischen Feiertag. Dieser Feiertag stehe mit den »Tuatha dé Danann« (sie werden als mystisches Feenvolk bezeichnet) in Verbindung. Der Legende nach seien die Tuatha dé Danann das erste Mal an diesem Tag an der Westküste Irlands aufgetaucht. Als ich meinen Flug für den ersten Mai buchte, hatte ich keine Ahnung davon gehabt.

Nun erschien der Gedanke, an die Westküste von Irland zu reisen, in einem neuen Licht. Ob es wohl einen Zusammenhang zwischen mir, den Einhörnern und dem sogenannten mystischen Feenvolk gab?

Ich nahm mir vor, mehr über die Tuatha dé Danann herauszufinden. Mit einer Handvoll Puzzelsteinen und unbeantworteten Fragen flog ich nach Dublin. Ich fühlte, dass die Suche, die einst am Zipfel von Afrika begann und später ihre Zeichen im portugiesischen Sand hinterließ, am nördlichsten Punkt meines so geliebten Meeres, dem Atlantik ihren Abschluss finden würde. Doch noch lag der Weg vor mir.

***

Dublin begrüßte mich tatsächlich mit Sonnenschein. Die Busfahrt vom Flughafen in das Stadtzentrum von Dublin verging schnell. Die Endstation befand sich direkt an einer großen Fußgängerzone und war also zentral gelegen. Nachdem mir der Busfahrer meinen Rucksack gegeben hatte, fragte ich mich zu meiner Unterkunft durch. Für die ersten drei Nächte hatte ich ein Bett in einer Jugendherberge reserviert. Mir machte es Spaß, wieder einmal englisch zu sprechen, und ich freute mich über das wunderbare Gefühl, in einer fremden Stadt zu sein. Auf dem Weg zu der Jugendherberge kam ich an zwei Statuen aus Stein vorbei. Sie zeigten die Figuren von Wassereinhörnern. Staunend guckte ich mir die beiden Statuen an. Von Wassereinhörnern hatte ich bis jetzt weder etwas gehört noch gesehen. Statt der Beine befindet sich eine Schwanzflosse an ihrem Oberkörper. Sie sehen aus wie große Seepferdchen mit einem Einhornkopf.

Dass ich noch keine zwei Stunden auf der Insel war und schon das erste Zeichen gefunden hatte, stimmte mich zuversichtlich.

In der Jugendherberge angekommen, bezog ich sofort meine Unterkunft in einem Sechsbettzimmer. Ich war alleine in dem einfach eingerichteten Raum und sehr froh darüber. Kaum hatte ich meine Klamotten verstaut, überkam mich plötzlich eine starke Müdigkeit. Ich legte mich auf mein Bett, um mich ein wenig zu sammeln und fiel kurz darauf in einen unruhigen, traumlosen Schlaf. Erst ein lautes Rumpeln weckte mich. Überrascht und noch etwas schläfrig, sah ich einen jungen Mann in dem Zimmer stehen, der gerade seinen Koffer auspackte. Meines Wissens war es ein Mädchenzimmer, und ich wies den jungen Mann freundlich darauf hin. Er stellte sich höflich mit dem Namen Roberto vor und versicherte mir, im richtigen Zimmer zu sein. Er zeigte mir sogar seine Buchungsbestätigung. Er hatte recht, und der Jugendherberge war bei meiner Buchung ein Fehler unterlaufen. Da es im Leben keine Zufälle gibt, sollte es wohl so sein. Ich fühlte mich immer noch ein wenig »neben der Spur«, so dass Robertos redselige Art eine erdende Wirkung auf mich hatte.

Wir redeten über dies und das, und natürlich wollte mein neuer Zimmergenosse den Grund für meine Reise nach Dublin wissen. Ich erzählte ihm, dass ich eine innere Verbindung zu Irland spürte und herausfinden wollte, was es damit auf sich hatte. Die Einhörner erwähnte ich nicht. Für die meisten Menschen sind die Einhörner nur Fabelwesen aus den Märchen, und solange ich keine Zusammenhänge zwischen Irland und den Einhörnern erkannt hatte, war es besser, den Mund zu halten. Roberto und ich verstanden uns gut und verbrachten den verbleibenden Tag fröhlich und unbedarft miteinander.

Mir macht es Spaß, Menschen kennenzulernen und mir ihre Geschichten anzuhören. Schon oft habe ich die Erfahrung gemacht, dass mir fremde Leute sehr persönliche Dinge erzählen. Mein Bewusstsein, dass alles auf der Erde und im Universum miteinander verbunden ist, strahlt diese Seelenwahrheit vermutlich aus, so dass sich Menschen mir gegenüber öffnen. Dass dies mit meinem Seelenursprung im Zusammenhang stand, wusste ich zu diesem Zeitpunkt noch nicht.

Es war schon kurz vor Mitternacht, als die anderen Bettnachbarn eintrudelten: zwei spanische Mädchen und ein Australier. Wir stellten uns gegenseitig vor, und dann verschwand jeder in seinem Bett. Es war ein langer Tag gewesen, und ich schlief sofort ein.

Am nächsten Morgen stand ich früh auf. Mein Kreuzbein pochte, und ich spürte den Energiestau und die Blockade an der Stelle. Ich fühlte mich etwas benommen und ein wenig unwohl. Bestimmt hatte es mit den bevorstehenden Geschehnissen zu tun. Nach einem kurzen Frühstück besorgte ich mir an der Rezeption der Jugendherberge einen Stadtplan von Dublin. Ich wollte den Tag für eine Erkundungstour nutzen. Trotz meiner mentalen Verfassung war ich gespannt auf die irische Hauptstadt.

Bevor ich mich auf Entdeckungstour begab, organisierte ich meine Fahrt an die Westküste. Dublin war ja nur ein kurzer Zwischenstop auf dieser Reise. Bei der Touristeninformation stellte sich heraus, dass Irland über ein sehr gutes Netzwerk verfügt. In jedem Büro können Unterkünfte, Busfahrten und Sightseeingtouren auf der gesamten Insel gebucht und organisiert werden. Eine freundliche Mitarbeiterin, die das Namensschild Ann an ihrer Bluse trug, fragte mich, wohin es denn an der Westküste gehen solle. Ich konnte ihr auf diese Frage keine Antwort geben und erkundigte mich, welchen Ort oder welche Region sie mir empfehlen könnte.

Sie machte mir den Vorschlag, eine kleine Inselgruppe namens Aran Islands direkt vor der Westküste zu besuchen. Von Galway fuhr eine Fähre zweimal täglich vom Festland zu den Inseln. Ohne lange zu überlegen, entschied ich mich dafür. Als Ann mit der Buchung meines Zimmers auf der Insel Inish Mór fertig war, fragte sie mich freundlich, ob es noch etwas gab, das sie für mich tun könne. In dem Buch »Elfenreise« erwähnt die Schriftstellerin Tanis Helliwell zwei Monumente: Newgrange und Knowth. Ich hatte das Gefühl, dass es für den Verlauf meiner Reise wichtig war, die beiden Kultstätten, die etwa 3300 Jahre vor Christi erbaut worden waren und älter als Stonehenge sind, zu besuchen. Von Dublin aus konnte man täglich Touren zu den beiden Sehenswürdigkeiten unternehmen. Ich kaufte mir ein Ticket für den nächsten Tag und verließ gut gelaunt und voller Neugierde auf die kommende Zeit die Touristenzentrale. Das Unwohlsein des Vormittages rückte in den Hintergrund. Mit dem Stadtplan unter dem Arm streifte ich durch die Straßen der irischen Hauptstadt. Mir gefielen besonders die bunten Häuser und individuellen Lädchen abseits der großen Fußgängerzone.

Was meine Aufmerksamkeit besonders weckte, waren die viele Einhornstatuen aus Stein. Ich fragte mich, welchen Bezug die Stadt zu den Einhörnern hatte, denn es musste doch einen Grund dafür geben, dass sie hier fast an jeder Ecke zu sehen waren.

(Bis heute habe ich keine brauchbaren Informationen gefunden: ein Zeichen dafür, dass die wahrhaftige Existenz der Einhörner für die meisten Menschen nur eine kindliche Fantasie ist.)

Als ich abends die Jugendherberge erreichte, war ich müde und dennoch erfüllt von den Eindrücken des Tages. Dankbar, alleine in dem Zimmer zu sein, schlüpfte ich nach einer heißen Dusche in meine Trainingshose und stopfte mir ein Paar Ohropax in die Ohren. In der Nacht schlief ich unruhig und träumte so intensiv, dass sich eine Vision zeigte.

Seit meiner Kindheit habe ich Traumvisionen, in denen sich Bilder aus der Zukunft, aus vergangenen Leben von mir selbst oder anderen Menschen zeigen. Erst in den letzten Jahren hatte ich diese Gabe und ihre Verantwortung richtig angenommen, so dass ich den Bildern und Botschaften mittlerweile ohne Angst vertraute.

In dieser Vision sah ich mich selbst und ein Einhorn in einer Grotte stehen. Am Eingang dieser Grotte stand ein Mann, der uns mit einer Waffe bedrohte. Ich fühlte Angst und Unruhe, während mich diese Bilder erreichten. Als ich schweißgebadet aufwachte, brauchte ich ein paar Minuten, um zu mir zu kommen. Mein ganzer Körper schmerzte, und mein Kopf brummte. Ich fühlte mich benommen, und die Angst war immer noch gegenwärtig. Ich spürte einen dicken Kloß in meinem Hals.

Leise kletterte ich aus meinem Etagenbett, damit ich mir ein frisches T-Shirt anziehen konnte. Glücklicherweise wachte keiner meiner Zimmergenossen auf. Als ich wieder unter der Decke lag, versuchte ich, mich zu beruhigen. Zum ersten Mal, seitdem die Einhörner in mein Leben gekommen waren, fühlte ich diese Angst. Was hatte das alles zu bedeuten?

Mein Geist war unruhig und aufgewühlt, doch ich versuchte wieder zu schlafen. Es musste mir dann auch gelungen sein, denn am nächsten Morgen wachte ich völlig gerädert auf. Im Spiegel sah ich, dass meine Augen verquollen waren, und Roberto, der seinen Kopf aus dem Schlafsack streckte, fragte mich vorsichtig, ob alles in Ordnung sei. Ich sagte nur, dass ich schlecht geschlafen hatte, und verließ so schnell wie möglich das Zimmer. Ich war immer noch durcheinander und hatte keine Lust, mich zu unterhalten.

Beim Frühstück fragte ich mich, wie ich in diesem Zustand die Tour nach Newgrange überstehen sollte, und bat die Engel um Unterstützung. Nach einer Weile ging es mir dann auch wirklich besser, und ich fühlte mich dem anstehenden Tagesprogramm gewachsen. Auf die Hilfe der Engel war immer Verlass.

Unsere Gruppe bestand aus fünf Leuten und einem Guide mit dem Namen Brody. Unser erstes Ziel war Knowth. Als wir Knowth erreichten, führte uns ein Pfad über das Gelände zu einem Parkplatz. Dort wartete ein Minibus, der uns zu dem grasbewachsenen Hügel namens Knowth fuhr. Auf dem Weg dorthin spürte ich, dass die Aufregung in meinem Bauch immer stärker wurde. Der Minibus hielt vor einem kleinen Holzhäuschen an. Hier erwartete uns ein weiterer Guide, der sich uns mit dem Namen Ryan vorstellte. Ryan hatte fröhliche und die für Iren so typischen verschmitzten Augen. Er hieß uns willkommen, und nach einer kurzen Anweisung, in der er uns bat, auf den vorgegebenen Wegen zu bleiben, erzählte er die Geschichte von Knowth. Da er mit einem sehr starken irischen Akzent sprach, verstand ich nicht alles. Doch als er nach einigen Sätzen die Tuatha dé Danann erwähnte, wurde ich sofort hellhörig. Ryan vermutete, dass Knowth mit dem mystischen Feenvolk in Verbindung stand, sagte aber, dass es dafür keine Beweise gäbe. Ich betrachtete die uralten Steine mit den Symbolen und Zeichen und fragte mich, ob ich selbst einst Symbole in diese Steine gemeißelt hatte. Am Ende der Führung, die uns auch das Innere des Monumentes besichtigen ließ, hatten wir die Möglichkeit, uns noch einmal alles anzusehen.

Ich suchte mir ein ruhiges Plätzchen, etwas abseits von dem Denkmal, und verband mich mit meiner Intuition. Ich spürte, dass ich mit der Energie von Knowth verbunden war, und rief im Geiste die Tuatha dé Danann. Es dauerte nur ein paar Sekunden, als der Wind um mich herum stärker wurde und eine Böe mein Energiefeld erfasste. Die Sonne suchte sich ihren Weg durch die Wolkendecke. Ein deutliches Zeichen, dass mein Ruf erhört worden war. Ich ließ mir den Wind um die Nase wehen, während mir ein wohliger Schauer über den Rücken lief. Vielleicht fällt es manchen schwer nachzuvollziehen, woher ich meine Gewissheit nahm, aber meine innere Stimme gab mir klare Signale.

Zu diesem Zeitpunkt hatte ich noch keinen brauchbaren »Beweis« gefunden. Dennoch spürte ich, dass meine Seele eine Verbindung zu dem mystischen Volk hatte, und eine leise Ahnung beschlich mich. Es war noch zu früh für reife Erkenntnisse, aber mein Seelenursprung klopfte an meine Tür. Bevor wir die Anlage von Knowth verließen, nutze ich die Gelegenheit, Ryan nach den Tuatha dé Danann zu fragen. Er freute sich über mein Interesse, konnte mir aber nur das erzählen, was ich selbst schon im Internet herausgefunden hatte. Ein bisschen enttäuscht darüber, aber dennoch erfüllt von den Eindrücken fuhren wir weiter nach Newgrange.

Im Vergleich zu Knowth war dieses Denkmal von mehreren Touristengruppen besucht. Die große Menschenansammlung war mir persönlich zu stressig, und als es dann auch noch zu regnen begann, war für mich klar, dass ich mein Geschenk für diesen Tag bereits in Knowth erhalten hatte. Ich war froh, als unsere Reisegruppe wieder in dem Minibus saß und wir zurück in die Stadt fuhren.

***

In der Jugendherberge angekommen, verkrümelte ich mich in das Zimmer und ließ die gemachten Erfahrungen des Tages sacken. Als Roberto von seiner Tour zurückkam, wollte er wissen, wie mein Ausflug gewesen war. Ich erzählte ihm, dass ich die Energien in Knowth sehr intensiv wahrgenommen hatte und vielleicht selbst einst die Symbole und Zeichen in die Steine gemeißelt habe. Er lachte darüber, als wenn ich einen Scherz gemacht hätte, doch sein Blick verriet, dass er nicht genau wusste, ob ich das ernst gemeint hatte oder nicht. Ich ließ ihn mit dieser Ungewissheit stehen und machte ihm statt dessen den Vorschlag, gemeinsam etwas essen zu gehen. Es war mein letzter Abend in Dublin.

Nachdem mein Rucksack für meine Reise an die Westküste gepackt war, fand dieser aufregende Tag seinen gemütlichen Ausklang in einem kleinen Chinarestaurant ganz in der Nähe von der Jugendherberge.

Kapitel 3

Inish Mór

Am nächsten Morgen regnete es in Strömen. Ich frühstückte zügig und stiefelte dann, eingehüllt in mein Regencape, zur Bushaltestelle. Ein großer silberner Reisebus wartete bereits. Über der großen Frontscheibe stand in digitalen Buchstaben »Galway« geschrieben. Ich gab dem Fahrer meinen Rucksack, der ihn im Transportraum des Busses verstaute, und suchte mir einen Platz auf der hintersten Rückbank. Der Bus war voll, und es herrschte ein reges Treiben. Nachdem ich mich hingesetzt hatte, spürte ich wieder ein leichtes Unbehagen in meinem Magen. Immerhin machte ich mich alleine, ohne Vorkenntnisse auf den Weg an die Westküste, so dass es wahrscheinlich ganz normal ist, auch mal ein bisschen »Muffensausen« zu haben.

Was wird mich wohl im Westen Irlands erwarten und wie alt mögen meine Erinnerungen an diese Insel schon sein? Dass ich schon einige Leben auf der Erde verbracht hatte, wusste ich zweifelsfrei. Doch welche Rolle hatte Irland für mich gespielt oder würde es noch spielen? Mit diesen Gedanken ließ ich Dublin hinter mir.

Wir fuhren einmal quer über die ganze Insel, und trotz der vielen Regentropfen an der Fensterscheibe sah ich die saftigen grünen Wiesen und Hügel der irischen Landschaft. Die Fahrt dauerte drei Stunden. Als wir Galway, eine typische irische

Hafenstadt, erreichten, regnete es immer noch. Ich hatte noch vier Stunden Zeit, bis die Fähre zu den Aran Islands ablegen würde, so dass ich mir ein gemütliches Café suchte. Bei einem Cappuccino ließ ich meine Gedanken weiter schweifen. – War es vielleicht doch etwas verrückt gewesen, alleine nach Irland geflogen zu sein, um nach den Einhörnern zu suchen? Und waren die Einhornstatuen in Dublin ein Beweis dafür, auf der richtigen Spur zu sein?! Zum Umkehren war es jetzt allerdings zu spät.

***

Die Überfahrt nach Inish Mór gestaltete sich turbulent und stürmisch. Die Wellen peitschten auf und ab, und das Schiff rumpelte und rumorte im Bug. Ich wurde beinahe seekrank und hatte Mühe, meine aufsteigende Übelkeit unter Kontrolle zu halten. Als wir das Ufer der Insel erreichten, war mir immer noch schlecht, und ich brauchte ein paar Minuten, um mich zu sammeln – dafür hatte es aufgehört zu regnen.

Eine Menschentraube sammelte sich an der Brücke und ging von Bord. Es waren viele Einheimische dabei, und jeder kannte jeden. Etwas verloren in dem Getümmel um mich herum, bahnte ich mir meinen Weg zum Anleger. Ratlos, da nirgendwo ein Straßenschild zu sehen war, fragte ich einen älteren Herrn nach dem Weg zu dem Bread and Breakfast. Der Herr war sehr freundlich und verwies mich gleich an einen Einheimischen, der in einem kleinen Bagger saß.

Der bot mir an, mich direkt zu meiner Unterkunft zu fahren. So packte ich meinen Rucksack in die Baggerschaufel und setzte mich dazu. Es war bestimmt ein Bild für die Götter und meine erste Fahrt in einer Baggerschaufel. Die Strecke war nur kurz, und nachdem ich mich bei meinem »Taxifahrer« bedankt hatte, klopfte ich an die Haustür der Pension. Die Besitzerin öffnete die Tür und hieß mich freundlich willkommen. Das Bed & Breakfast war gemütlich und sehr wohnlich eingerichtet. Mein Zimmer, das sich im ersten Stock befand, war klein aber fein. Ich freute mich besonders über das komfortable Bett. Sofort ließ ich mich auf die kuschelige Überdecke fallen und schloss meine Augen. Das Unwohlsein der Überfahrt hatte sich etwas gelegt, und da der Tag lang gewesen war, beschloss ich, nach einer heißen Dusche und zwei Packungen Keksen zum Abendbrot schlafen zu gehen.

***

Am nächsten Morgen wachte ich um sieben Uhr auf. Ich blickte aus dem kleinen Fenster und sah, dass sich die Regenwolken verzogen hatten. Am Horizont war der Atlantik eins mit dem Himmel: ein wunderschönes Bild. Mich zog es förmlich nach draußen, und so schlüpfte ich schnell in meine Jeans, zog vorsichtshalber einen warmen Kapuzenpullover darüber und hoffte, dass es um die Uhrzeit schon Frühstück gab. Mrs. O´Sullivan, die gerade dabei war, die Tische einzudecken, war überrascht, als ich in dem kleinen Frühstücksraum erschien.

»Good Morning Dear«, begrüßte sie mich freundlich und wies mir einen Einzeltisch direkt am Fenster zu. Nachdem sie mich gefragt hatte, was ich zum Frühstück haben wollte, und ich mich für Porridge (Haferbrei) und Kaffee entschieden hatte, setzte ich mich an den kleinen Tisch. Vom Fenster aus konnte ich direkt das Meer sehen. Ich ließ meinen Blick in die Ferne eintauchen, losgelöst, und hatte zum ersten Mal das Gefühl *auch* Urlaub zu machen. Nach dem sehr schmackhaften Frühstück packte ich mein Regencape und etwas Verpflegung in meinen Rucksack. Jetzt konnte die Entdeckungstour losgehen.

Ich folgte der Straße, auf der mich der Bagger zu der Pension gebracht hatte, und gelangte zu dem kleinen Hafen von Kilronan. Zwei Boote lagen in der winzigen Hafenbucht, und das Bild war von fünf bis sechs bunten Häuschen untermalt. Ansonsten wirkte die Insel auf den ersten Eindruck eher karg, was bestimmt auf die rauhen Herbst- und Wintermonate hier am Nordatlantik zurückzuführen ist.

Neben einem kleinen Büro, in dem die Touristeninformation eingerichtet war, gab es noch ein Internetcafé. Als ich daran vorbeilief, grüßte mich der Besitzer freundlich mit einem Kopfnicken. Der Mann war ein kräftig gebauter Ire mittleren Alters. Das Grau an seinen Schläfen und die Kerben in seinem Gesicht passten zu seinem verschmitzten Blick. Seine Aura glich einem weisen Druiden aus einer anderen Zeit. Ich war mir sicher, dass wir noch ins Gespräch kommen würden. Die kleine Straße führte weiter aus dem Ort hinaus und vorbei an einem kleinen Strand. Ich kletterte über die Mauer, die den Strand von der Straße trennte, zog meine Schuhe aus und lief zum Wasser.

Endlich war ich an meinem über alles geliebten Atlantik. Ich atmete die salzige Luft tief ein und ließ die Energie des Ozeans durch mein ganzes Energiefeld fließen.

Den ganzen Vormittag verbrachte ich am Meer. Die Sonne schien und gab mir Kraft. Meine Gedanken ruhten, und ich genoss es, an diesem wundervollen Ort zu sein. Nachdem ich mein Sandwich gegessen hatte, entschied ich mich, der Straße noch weiter zu folgen. Die Straße schlängelte sich durch die malerische Landschaft. Ich kam an einem Friedhof vorbei und bewunderte die alten keltischen Kreuze. Sie standen alle etwas schief und krumm auf den Gräbern, was dem ganzen einen besonderen Flair verlieh. Ich fragte mich, ob die Straße einmal um die ganze Insel herum verlief, als mich plötzlich und völlig unerwartet das Hupen eines Mofas aufschreckte.

Ich drehte mich um und sah, wie der Besitzer des Internetcafés in einem Affenzahn auf seiner Maschine angerauscht kam. Als er mich erkannte, drosselte er das Tempo und blieb vor meinen Füßen stehen. »Hi there«, begrüßte er mich und entschuldigte sich für das Hupen. Dann stellte er sich mit dem Namen Brian vor. Die Iren sind ein sehr freundliches und geselliges Volk, und da die Inselbewohner natürlich neugierig auf die Besucher von Inish Mór sind, erklärte das seine offene und redselige Art.

»Was hat denn so ein junges Fräulein hier auf der Insel zu suchen?« fragte er mich mit einem freundlichen Grinsen. Eine Stimme in mir sagte, dass ich ihm vertrauen konnte, und so erzählte ich Brian den Hintergrund meiner Reise.

Während er meinen Worten aufmerksam folgte, guckte er mich gedankenvoll an. Ich erzählte ihm auch von meinen bisherigen Erfahrungen mit den Einhörnern. Nachdem ich ihm alles berichtet hatte, schwiegen wir uns ein paar Minuten an.

Ich fragte mich, ob es vielleicht doch ein Fehler gewesen war, ihm die ganze Wahrheit zu offenbaren, als Brian sich räusperte: »Was du mir da gerade erzählt hast, ist wirklich interessant. Eine sehr gute Freundin von mir, ihr Name ist Giulietta, lebt hier auf der Insel. Ich war mit ihr vor einigen Jahren in Tara auf einem spirituellen Festival, und dort haben wir auch eine schamanische Reise gemacht. Auf dieser Reise ist Giulietta ein Einhorn als ihr Krafttier begegnet. Ich weiß, dass man über seine Krafttiere eigentlich nicht sprechen soll, aber ich denke, in diesem Fall ist das in Ordnung.« Nun staunte ich. Brian erzählte mir, dass er einige Jahre schamanische Arbeit praktiziert hatte. In den letzten Monaten sei er jedoch von diesem Pfad wieder abgekommen. Bei diesen Worten wirkte er nachdenklich.

»Meinst du, dass ich deine Freundin treffen könnte oder sie zumindest einmal anrufen?« fragte ich Brian vorsichtig. Meine

Neugier war geweckt, und ich war mir sicher, dass ich Giulietta kennenlernen sollte. Brian versicherte mir, dass er noch heute mit ihr sprechen würde und ich am frühen Abend in seinem Laden vorbeikommen sollte. Ich freute mich über diese neue Gelegenheit, die gerade in mein Leben getreten war. Brian und ich verabschiedeten uns voneinander, und er rauschte auf seinem Mofa davon. Frohen Mutes lief ich noch eine Weile auf der Straße entlang, die wieder zu einem Strand führte. Ich setzte mich in den Sand. Das Gefühl einer tiefen Ruhe und Gewissheit durchströmte mich.

Die Begegnung mit Brian war ein klares Zeichen, auf dem richtigen Weg zu sein. Ich verbrachte noch eine Weile an dem kleinen Strand und machte mich dann auf den Rückweg. Als ich wieder das kleine Zentrum der Insel erreicht hatte, entschied ich mich, noch ein paar Einkäufe in dem einzigen Supermarkt zu machen. Ich wollte noch ein paar Tage auf Inish Mór bleiben und brauchte für die kommenden Tage Verpflegung. Nachdem ich Brot, Tütensuppen, Obst und Schokolade gekauft hatte, meldete sich mein knurrender Magen. Immerhin war ich schon den halben Tag auf den Beinen, und die gute Meeresluft hatte mich hungrig gemacht. In einem kleinen Imbiss direkt neben dem Supermarkt bestellte ich mir zwei Pancakes und einen Kaffee. Das Essen schmeckte gut und stärkte mich für meinen Besuch bei Brian.

»Julia, schön dich zu sehen«, begrüßte er mich und redete gleich weiter. Er sagte mir, dass er mit Giulietta gesprochen habe und sie mich auch sehr gerne treffen würde. Er gab mir sein Telefon, so dass ich sie sofort anrufen konnte. Giuliettas Stimme klang freundlich und sehr nett. Sie kam gleich zum Punkt und machte mir den Vorschlag, dass wir uns am nächsten Tag zum Lunch in einem der kleinen Restaurants am Hafen treffen könnten. Ich sagte natürlich zu, und nachdem wir uns für 13.00 Uhr verabredet hatten, beendeten wir das Gespräch.

»Siehst du, my Dear, so findet alles seinen Weg«, sagte Brian mit einem Augenzwinkern. An der Art wie er das sagte, erkannte ich, dass wir dieselbe universelle Sprache verstanden. Ich versprach ihm, von dem Treffen mit Giulietta zu berichten, und nachdem er mir noch die Adresse eines Priesters gegeben hatte, der auf der Insel lebte und einiges über die Thuatha dé Danann wusste, bedankte ich mich bei Brian für seine Hilfe. Er tat es mit einem Lächeln ab und murmelte etwas Unverständliches in seinen Bart.

Allmählich war ich müde von dem ersten und sehr ereignisreichen Tag auf der Insel. Glücklicherweise hatte ich es nicht mehr weit zu meiner Unterkunft. In der Pension angekommen, sprang ich nur noch unter die heiße Dusche und fiel danach sofort in einen tiefen Schlaf.

Kapitel 4

Irische Wurzeln

Den nächsten Morgen verbrachte ich an dem kleinen Strand nahe der Pension. Ich freute mich sehr auf die Begegnung mit Giulietta und war gespannt darauf, was sie mir zu erzählen hatte. Während ich die Wellen beobachtete, wie sie sich sachte ans Ufer bewegten, kreisten meine Gedanken immer wieder um die Frage, warum die Einhörner Kontakt zu mir aufgenommen hatten. Zu diesem Zeitpunkt gab es nur eine Handvoll Menschen, denen ich erzählen konnte, dass ich mich gerade auf der Suche nach dieser Antwort befand – und nun saß ich am Strand einer kleinen irischen Insel im Nordatlantik und würde in zwei Stunden eine Frau treffen, die denselben Namen wie ich trug (Giulietta ist italienisch und heißt Julia) und von einem Einhorn als Krafttier begleitet wurde.

***

Zurückblickend ist der Pfad meines Lebens von vielen Momenten gezeichnet, in denen ich auf mich selbst gestellt war. Wegen meiner spirituellen Ausrichtung und meines Bewusstsein gibt es bis heute nur selten jemanden, dem ich mich voll und ganz anvertrauen kann. Manchmal fühle ich mich einsam auf der Erde, denn wegen meiner Wahrnehmungen und spiritueller Sichtweise passe ich in keine gesellschaftliche Schublade. Und auf esoterischen Veranstaltungen stelle ich immer wieder fest, dass vieles von dem, was dort erzählt und verkauft wird, wenig mit spirituellen Wahrheiten zu tun hat. Ich spüre die Verbundenheit zu der geistigen Welt und dem Universum, doch fehlte mir bisher die Verbindung zu dem Leben auf der Erde. Natürlich hilft mir mein spirituelles Wissen in solchen Momenten weiter, aber ich sehne mich bis heute nach dem Verständnis der Menschen in meinem Umfeld.

***

Giullietta saß bereits an einem der Holztische, als ich das kleine Restaurant, in dem wir verabredet waren, erreichte. Ich erkannte sie sofort an ihrer Aura. Sie trug lange schwarze Haare und war eine gutaussehende schlanke Frau Mitte vierzig. Ihre Augen waren dunkelbraun und strahlten eine warme, erdverbundene Kraft aus. Wir begrüßten uns herzlich. Sofort war ein Gefühl von Vertrauen da. Ich setzte mich auf die andere Bank, so dass wir uns gegenübersaßen.

Giulietta sagte mir ganz offen, dass sie normalerweise nicht über ihr Krafttier sprechen würde. Allerdings habe sie in den vergangenen Tagen mehrfach die Botschaft aus ihren Engelkarten erhalten, dass ein Treffen mit einer weiblichen Person eine wichtige Rolle spielen wird. Als Brian sie dann gestern angerufen hatte, wusste sie sofort, dass sie mich kennenlernen sollte. Somit war uns beiden klar, dass die geistige Welt unser Zusammentreffen initiiert hatte. Wir freuten uns über diese Tatsache und auch darüber, eine spirituelle Weggefährtin zu treffen.

Ich erzählte Giulietta meine bisherigen Erlebnisse mit den Einhörnern und dass sie mich nach Irland geschickt hatten. Sie hörte mir interessiert zu und nickte hin und wieder, um meine Worte zu bestätigen. Nachdem ich meine Erzählung beendet hatte, berichtete sie mir von ihrer schamanischen Reise. Sie war sehr überrascht gewesen, als ihr dort das Einhorn begegnet war. Mit leiser Stimme fügte sie hinzu, dass sie bis heute von dieser Begegnung sehr berührt ist. Seit dieser Erfahrung praktiziert Giulietta Schamanismus und organisierte Workshops zu diesem Thema.

Der Begriff »Schamane« hatte in meinem Leben noch keine wirkliche Rolle gespielt. Ich weiß, dass ich mediale Fähigkeiten besitze und die Gabe des Heilens durch meine Hände fließt, jedoch sträubte sich in mir bisher der Gedanke, mich als Heilerin oder Schamanin zu bezeichnen.

Giulietta war die erste Person voller Authentizität und Integrität, die die Energie einer Schamanin ausstrahlte. Während wir unser Mittagessen verspeisten, unterhielten wir uns ausführlich. Sofort stellte sich heraus, dass wir ähnliche Lebenserfahrungen gemacht hatten, jede auf ihre ganz persönliche Weise natürlich. Ich war sehr dankbar für diesen wertvollen spirituellen Austausch.

Nachdem wir fast drei Stunden zusammengesessen hatten, bemerkte Giulietta, dass sie die Zeit ganz vergessen habe und noch zu einem Termin auf das Festland müsse. Bevor wir uns verabschiedeten, sagte sie zu mir: »Julia, ich habe noch keinen Menschen mit solchen Augen getroffen. Ich weiß gar nicht, wie ich es beschreiben soll. Sie erinnern mich an die Augen meines Krafttiers, des Einhorns.« Ihr Kompliment verunsicherte mich ein wenig und ich wusste nicht, wie ich damit umgehen sollte. Nach einer herzlichen Umarmung und der Verabredung, uns in den kommenden Tagen wieder zu treffen, stand Giulietta auf und ging zum Anleger. Ich winkte ihr nach, bis sie auf der Fähre war. Ich blieb noch eine ganze Weile sitzen, um die Energien des Gespräches wirken zu lassen – der heutige Tag war etwas Besonderes.

Der Tag war noch jung, so dass ich mir bei dem kleinen Fahrradverleih am Hafen ein Fahrrad mietete. Dort gab es auch Landkarten von der Insel. Ich packte eine davon in meinen Rucksack, und los ging eine neue Erkundungstour. Der Weg führte diesmal ins Landesinnere. Ich folgte dem eingezeichneten roten Pfad auf der Karte und gelangte so zum Dun Eochla.

Dieses Monument ist, neben Dun Aenghus und Dun Duchathair, eine Sehenswürdigkeit auf der Insel. Ich schob mein Fahrrad den kleinen Hügel hinauf und überquerte dabei eine Wiese, auf der ein paar Kühe und ein Esel grasten. Sie schenkten mir kaum Beachtung. Ich lehnte mein Fahrrad an das alte Mauerwerk und gelangte durch einen Torbogen in die Mitte der Ruine. Einen Moment lang blieb ich stehen und fühlte in die Energie dieses Ortes hinein. Jedoch war erst einmal der Wind die einzige wahrnehmbare Energie, und der pfiff mir ordentlich um die Ohren. Ich kletterte die alte Steinmauer des Dun Echola hinauf und erreichte unversehrt die oberste Mauerkante.

Von hier aus hatte ich einen wirklich traumhaften Blick über die Insel. Das Meer mit dem Horizont war ein schöner Hintergrund, da wollte ich mich gerne mit dem Fotoapparat selbst aufnehmen. Ich war weit und breit der einzige Mensch. Also streckte ich meinen rechten Arm aus und hielt die Kamera fest in der Hand. Gerade als ich auf den Auslöser drücken wollte, kam eine heftige Windböe, und wie von Geisterhand gelenkt, nahm die Böe meine Kamera mit. Das ganze geschah so überraschend, dass ich gar nicht reagieren konnte. Mein Fotoapparat zersprang an der Steinmauer in tausend Stücke.

»Was war das denn?«, fragte ich mich. Noch während ich nach einer Erklärung suchte, trabte ein Pferd in die Mitte der alten Ruine und blieb dort stehen. Hatte das etwas zu bedeuten?

Das Pferd scharrte ein paar Mal mit den Hufen, dann machte es kehrt und verließ das Innere der Ruine. Was für ein merkwürdiges Erlebnis!

Mit einem großen Fragezeichen im Gesicht und einer kaputten Kamera im Rucksack setzte ich meine Tour fort. Mein nächstes Ziel war Dun Aengus. Dieses faszinierende Monument befindet sich direkt an der atemberaubenden Steilküste von Inish Mór. Zum ersten Mal seit meiner Ankunft auf der Insel fand ich eine gut organisierte, für Touristen ausgerichtete Sehenswürdigkeit vor. Ich bezahlte den Eintritt und begab mich dann auf dem sandigen Wanderweg zu der Ruine. Als ich die Steilküste erreichte, blieb mir tatsächlich fast der Atem stehen. Die Wellen schlugen mit voller Wucht an die Felsen. Was für eine Kraft und was für ein gigantisches Naturschauspiel. Mir fehlten die Worte. Nachdem ich mich an den Wellen und dem Horizont, der hier das Ende der Welt sein konnte, satt gesehen hatte, erkundete ich Dun Aengus. Es waren kleine und große Gruppen von Touristen verschiedenster Nationalitäten unterwegs. Ich schmunzelte bei dem Gedanken, dass ich mich auf den Spuren der Einhörner befand, während um mich herum emsig Urlaubsfotos geschossen wurden. Mein Blick fiel auf einen Mann, der allem Anschein nach die Aufsicht hier oben hatte. Seine Augen leuchteten strahlend blau. Er unterhielt sich gerade mit einer Gruppe von Engländern, als er in meine Richtung sah. Unsere Blicke trafen sich. Er hielt inne und beendete das Gespräch mit der Reisegruppe.

Ich überlegte noch, ob es mit mir zu tun haben konnte, da kam er auf mich zu. »May I help you?« erkundigte er sich freundlich. Etwas überrascht von seiner direkten Art, fragte ich ihn nach den Thuatha dé Danann. Der Mann lächelte und stellte sich mit dem Namen Cillian vor. Cillian wunderte sich ein wenig, dass ein deutsches Mädchen etwas über das mystische

Feenvolk wissen wollte. Ich sagte ihm, dass mich die irische Mythologie sehr interessierte, und so erzählte Cillian mir, dass die Tuatha dé Danann einst mit ihren Schiffen hier an der Westküste aus dem Nebel aufgetaucht seien.

Während ich seiner Erzählung lauschte, sah ich die Schiffe in meinem Geiste am Horizont immer näher kommen und bekam eine Gänsehaut. Cillian erzählte weiter, dass die Tuatha dé Danann Halbgötter gewesen seien und er felsenfest davon überzeugt sei, dass sie einst Dun Aengus erbaut hatten. Er versicherte mir, dass er die Legenden und Sagen für wahr hielt und die Tuatha dé Danann tatsächlich gelebt hatten. Sie seien ein Kriegervolk gewesen. Der Mythologie nach hatten sie einst eine große Schlacht verloren und sich daraufhin unter die Hügel Irlands zurückgezogen. Seitdem gelten sie als das unsichtbare Feenvolk.

Etwas an Cillians Worten löste ein Gefühl von Widerstand in mir aus. Ich konnte noch nicht sagen, was es war, aber etwas an der Legende war falsch. Natürlich wollte ich mir als Touristin nicht anmaßen, die irische Mythologie in Frage zu stellen, und hielt deshalb meinen Mund. Immerhin hatte ich endlich einen Menschen getroffen, der an die Existenz der Tuatha dé Danann glaubte. Ich fühlte, dass es zwischen den Tuatha dé Danann und den Einhörnern einen Zusammenhang gab.

Cillians Schicht war zu Ende, und er verabschiedete sich von mir. Mit gemischten Gefühlen ging ich noch einmal zu der Kante der Steilküste. Wieder sah ich die Bilder vor meinem geistigen Auge: Die Schiffe hatten ihre Segel gesetzt, und Fahnen flatterten im Wind. Stolz ragten die Galionsfiguren in die Luft. Es war ein Bild aus einer anderen Zeit, aber so klar und deutlich in meiner Erinnerung, als wäre es gestern gewesen.

Als ich mich auf den Rückweg zu meinem Fahrrad machte, fühlte ich eine lähmende Schwere in meinem Körper. Am liebsten hätte ich mich einfach auf den Sandweg gesetzt, aber der Weg war von den vielen Touristen bevölkert. Kein passender Ort, um in sich zu gehen. Ich beschloss, in die Pension zu fahren, um mich zu erholen.

Wie sich herausstellte, führte der Rückweg an dem Haus des Priesters vorbei. Brian hatte mir von ihm erzählt. Trotz meiner Müdigkeit wollte ich die Gelegenheit nicht ungenutzt lassen, den Priester aufzusuchen. Das Haus lag etwas nach hinten versetzt. Ich schob das Fahrrad einen kleinen Hügel hinauf und stellte es in dem kleinen Vordergarten ab. Überall lagen Fliesen, Steine und Plastikrohre herum. Wahrscheinlich wurde hier gerade renoviert. Am Eingang konnte ich keine Klingel finden, und da niemand zu sehen war, ging ich vorsichtig um das Haus herum. Ein Hund fing an zu bellen. Mit großer Erleichterung stellte ich fest, dass der Hund an einer Leine lag. Generell habe ich keine Angst vor Hunden, aber in diesem Fall war ich froh, dass er mir nicht zu nahe kommen konnte. Immerhin war ich eine Fremde in seinem Revier. An dem Wintergarten von der Rückseite des Hauses stand eine Tür offen. Ich klopfte vorsichtig an die Tür.

Der Hund bellte immer noch, und wahrscheinlich war das auch der Grund, warum meine Anwesenheit bemerkt wurde. Ein zwölfjähriger Junge tauchte in dem Wintergarten auf. Als er mich sah, kam er zur Tür. Sein blonder Haarschopf war wuschelig, und in seinen alternativen Klamotten sah er aus wie ein kleiner Hippie. Er guckte mich fragend an. Ich stellte mich vor und sagte ihm, dass ich gerne seinen Vater sprechen würde. Daraufhin rief er in das Haus. Kurz darauf erschien eine Frau, vermutlich seine Mutter, an der Tür. Sie schob den Jungen liebevoll zur Seite. Freundlich erklärte sie mir, dass ihr Mann gerade auf dem Festland sei und in zwei Tagen erst wieder auf die Insel zurückkommen würde. Sie schrieb mir eine Telefonnummer auf und sagte, dass ich ihn unter dieser Nummer erreichen konnte. Ich bedankte mich für ihre Hilfe und war froh, als ich das Bed & Breakfast erreichte.

Ich war wirklich müde. In meinem Zimmer angekommen, machte ich mir noch einen Tee und dann legte ich mich auf das Bett. Ich ließ den ganzen Tag noch einmal Revue passieren. In Giulietta hatte ich eine Seelenverwandte gefunden, die mit den Einhörnern verbunden war. Wir teilten dasselbe Bewusstsein und ähnliche spirituelle Erfahrungen. Trotzdem gab es einen Unterschied zwischen uns, den ich noch nicht greifen konnte. Cillian und ich teilten den Glauben an die Tuatha dé Danann. Doch etwas an seiner Erzählung hatte sich für mich nicht stimmig angefühlt. Fragen über Fragen schwirrten in meinem Kopf herum, während ich an die Decke starrte.

Dann fiel mir mein Erlebnis am Dun Eochla ein. Das Pferd war ganz bestimmt von den Einhörnern zu mir geschickt worden. Dass meine Kamera an der alten Steinmauer der Ruine zersprungen war, erkannte ich jetzt als Zeichen dafür, in mir selbst nach den Antworten zu suchen. Ich war Giulietta und Cillian dankbar für ihre Offenheit, aber sie hatten mir auch gezeigt, dass ich meinen eigenen Gefühlen und Impulsen folgen sollte. Von jetzt an sollte ich mir auf dieser Reise selbst vertrauen. Im Geiste sagte ich zu der geistigen Welt, dass ich ihre Botschaft verstanden hatte, und bedankte mich für ihre Führung. Mit all diesen Erkenntnissen schlummerte ich ein.

Am späten Nachmittag wachte ich auf und ging noch einmal zu dem kleinen Strand nahe meiner Unterkunft. Die frische Luft und das Rauschen des Meeres waren genau das Richtige, um meine bisherigen Erfahrungen einfach mal im Wind loszulassen. Als ich am Abend zum Bed & Breakfast zurückkehrte, kam mir Mrs. O´Sullivan am Eingang entgegen. Sie gab mir einen Teller mit Keksen. Ich freute mich über diese

Aufmerksamkeit und nahm den Teller mit in mein Zimmer. Als ich die Kekse nach und nach aufgegessen hatte, zeigte sich folgender Schriftzug: »You have Irish roots.« (Du hast irische Wurzeln).

Eine Gänsehaut überströmte mich, während ich diesen Satz las. Wie weit diese Wurzeln tatsächlich zurückreichten, ahnte ich an diesem Abend noch nicht.

Kapitel 5

Spirituelle Gaben

Als ich am nächsten Morgen Mrs. O´Sullivan den Teller zurückgab, fragte sie mich, wie lange ich auf der Insel bleiben wollte. Bei meiner Ankunft hatte ich ihr gesagt, dass ich die Länge meines Aufenthaltes noch offen lassen wollte. Normalerweise kamen die Touristen, wenn überhaupt, für eine Nacht auf die Insel – ich war nun schon die dritte Nacht als Gast im Haus, und natürlich wollte meine Vermieterin wissen, wann das Zimmer wieder frei werden würde. So entschied ich mich spontan, noch eine ganze Woche zu bleiben.

Mrs. O´Sullivan reagierte überrascht und scheute sich nicht nach dem Grund meines langen Aufenthaltes zu fragen. Ich erklärte ihr meine Beweggründe, indem ich ihr sagte, dass ich mich auf einer spirituellen Reise befand. Sie zeigte sich interessiert, so dass ich ihr von meinem bisherigen Lebensweg erzählte. Als ich Mrs. O´Sullivan von den Erfahrungen mit meinen medialen Fähigkeiten berichtete, sagte sie, dass man in Irland diese Menschen als *gifted* bezeichne, was »beschenkt« bedeutet. Ich empfand diese Ausdrucksweise als sehr schön und zum ersten Mal konnte ich meine mediale Gabe als Geschenk empfinden.

Bisher hatte ich niemanden kennengelernt, der gleichfalls mediale Fähigkeiten besaß und die Verantwortung und Herausforderung dieser Fähigkeit nachfühlen konnte. Daher lastete die Gabe, hellsichtig zu sein, auf meinen Schultern und war immer noch mit Unsicherheit und Angst verbunden.

Das Gespräch mit Mrs. O´Sullivan hatte mich nachdenklich gestimmt. Ich ging zu dem kleinen Strandabschnitt, um mich dort zu sortieren. Am Ufer angekommen, setzte ich mich – mal wieder – in den Sand.

Ich weiß nicht, wie viele Stunden ich schon am Atlantik verbracht habe und wie viele noch folgen sollten, um meinen Seelenfrieden zu finden. Einmal mehr machte ich es mir in einer Sandkuhle gemütlich und starrte auf das Wasser. Dabei ließ ich meinen Gedanken ihren Lauf: Dass ich mediale Fähigkeiten besitze, hatte ich mittlerweile angenommen und in meinem Buch »Sternenkind« teilweise verarbeitet. Trotzdem war es immer noch etwas, das mal mehr und dann mal wieder weniger zu mir gehörte.

In Deutschland werden Menschen mit spirituellen Fähigkeiten kaum ernst genommen. Zwar gibt es eine große Esoterikszene und viele Angebote und Kurse, wo man angeblich seine hellsichtigen Fähigkeiten erlernen kann, aber wenn der Mensch genauer hinguckt, steckt meist nur ein bunter Budenzauber hinter den Veranstaltungen, Produkten und sogenannten Ausbildungen. Mag sein, dass sich der ein oder andere nun auf den Schlips getreten fühlt. Ich möchte hier niemanden persönlich verunglimpfen oder authentische spirituelle Arbeit in Frage stellen! Jedoch ist es einfach unwahr, dass jeder Mensch medial veranlagt ist – ganz im Gegenteil, habe ich das Gefühl, dass Menschen mit spirituellen Fähigkeiten einen sehr langen Weg gehen, bis sie ihre Anlage tatsächlich annehmen und damit zum Wohle der Menschheit arbeiten.

Ich wusste selbst nicht, warum es mir so schwerfiel, meine geistigen Gaben anzunehmen und fragte mich zum hundertsten

Mal, warum ich damit geboren bin. Vielleicht gab es einen Zusammenhang mit den Einhörnern, und ich würde am Ende dieser Reise endlich den Sinn und Zweck meiner Existenz hier auf der Erde verstehen.

(Gerne möchte ich an dieser Stelle anmerken, dass *jeder* Mensch spirituelle Erfahrungen machen und mit der geistigen Welt in Kontakt treten kann. Dennoch liegt ein Unterschied darin, ob es zu der Aufgabe des Menschen gehört, Botschaften aus der geistigen Welt zu empfangen und weiterzugeben sowie die Fähigkeit des Heilens zu besitzen. Jeder Mensch hat besondere Gaben und Talente, die dem großen Ganzen dienen, und seine eigene innere Stimme, die ihn führt – es ist weder etwas Schlechtes noch etwas Besonderes, mediale Fähigkeiten zu besitzen, sondern einfach eine Bestimmung. Ich habe schon Menschen getroffen, die behauptet haben, dass sie channeln und hellsehen können und sich einfach nur gut verkaufen – und wieder andere, die das alles ins Lächerliche ziehen und verurteilen. Vielleicht wird es einfach mal Zeit, dass die Menschen sich öffnen – für die Wahrheit im Universum und die Wahrheit in sich selbst.)

***

Die folgenden Tage verbrachte ich mit Spazierengehen und Meditationen, und wenn ich mich unterhalten wollte, besuchte ich Brian in seinem Laden. Einen Tag bevor ich wieder zurück auf das Festland fuhr, verabredete ich mich noch einmal mit Giulietta. Wir wollten gemeinsam Energiearbeit machen. Giulietta wohnte in einem kleinen Häuschen am westlichsten Zipfel der Insel. Damit ich zügig zu ihr kommen konnte, mietete ich mir ein Fahrrad und freute mich, bei herrlichem Sonnenschein über die Insel zu fahren.

Als ich bei Giulietta angekommen war, erzählte ich ihr, in der Hoffnung, dass sie mir helfen könne, von meiner Blockade im Kreuzbein. Sie bat mich, auf der Massageliege Platz zu nehmen. Ich legte mich auf den Bauch. Kaum hatte Giulietta ihre Hände auf meinen Rücken gelegt, spürte ich die Energie aus ihren Händen durch mein ganzes Energiesystem fließen. Zum ersten Mal seit langer Zeit konnte ich mich entspannen.

Als Giulietta fertig war, erzählte sie mir, dass Inish Mor auf einer Ley Line (die sogenannten Drachenlinien) liegen würde. Daher sei die spirituelle Energie auf der Insel sehr stark. Menschen die empfänglich für die universellen Energien sind, hätten hier auf der Insel schon intensive Erfahrungen mit dieser Energie machen können. Vielleicht erklärte das meine innere Unruhe, die sich seit meiner Ankunft auf der Insel von Tag zu Tag gesteigert hatte. Ich bedankte mich bei Giulietta für die Behandlung. Dann setzten wir uns im Schneidersitz gegenüber. Ich schloss meine Augen, um mich zu konzentrieren, und Giulietta stellte ihre Fragen. Zum ersten Mal gab ich ganz offiziell ein Reading (hellsichtige Sitzung).

Bisher hatte ich geistige Bilder von anderen Menschen in Gesprächen mit ihnen erhalten, ohne dass ich danach gefragt hatte oder wurde. Bis jetzt wusste ich nicht, wie ich damit umgehen sollte bzw. wie ich diese Fähigkeit nutzen konnte.

Dass ich nun auf einer Insel vor der irischen Westküste mein erstes offizielles Reading gab, hatte schon eine besondere Bedeutung. Es gibt ein Sprichwort das besagt: Der Prophet gilt nichts im eigenen Land. So kam ich mir in diesem Moment vor.

Die Worte sprachen sich von selbst und waren für Giulietta verständlich. Als ich fertig war, erzählte ich meiner italienischen Seelengefährtin, dass ich bisher noch keinen Weg gefunden hatte, mit meiner Hellsichtigkeit umzugehen. Sie guckte mich verständnisvoll an und sagte voller Mitgefühl, dass so eine Fähigkeit auch eine große Verantwortung bedeutet und meine geistige Führung mir die richtigen Impulse zeigen wird. Ich war sehr dankbar für ihre Worte.

Nachdem wir noch eine Weile zusammengesessen hatten, verabschiedeten wir uns voneinander. Giulietta bat mich, sie auf dem laufenden zu halten, und nach einer herzlichen Umarmung machte ich mich auf den Rückweg. Als ich nun ein vorerst letztes Mal über die Insel fuhr, spürte ich seit langer Zeit einen tiefen Frieden in mir. Mit diesem Gottvertrauen und wundervollen Erlebnissen im Gepäck, verließ ich am darauffolgenden Tag Inish Mor.

***

Zurück in Galway mietete ich mir ein Auto und fuhr von da aus weiter nach Ballyconneely. Ich hatte mir ein Zimmer in der Mannin Lodge gebucht. Die Autofahrt machte Spaß, und der Linksverkehr erinnerte mich an meine Zeit in Kapstadt. Nach knapp zwei Stunden erreichte ich mein Ziel. Es regnete in Strömen, und in dem kleinen Ort war weit und breit keine Menschenseele zu sehen. Ich war sehr gespannt darauf, was mich hier erwartete. In der Lodge war ich der einzige Gast und wurde sehr freundlich empfangen.

Nachdem ich meinen Rucksack ausgepackt hatte, entschied ich mich, trotz des Regens, dafür, einen kleinen Spaziergang zu machen. Direkt vor dem Haus führte eine Straße entlang, der ich auf gut Glück folgte. Vorbei an Schafweiden gelangte ich an eine kleine Bucht. Der Atlantik lag nun in seiner ganzen Weite vor mir, und ich hatte das Gefühl am Ende der Welt angekommen zu sein. Ich suchte mir einen Felsen, auf dem ich Platz nahm. Der Regen prasselte an meinem Regencape ab, das mich vor der Nässe schützte.

Die Stimmung war melancholisch und die Landschaft in einen mystischen Nebel gehüllt. Das Bild vor meinen Augen erinnerte mich an Avalon und ich fragte mich, ob die sagenumwobene Insel vielleicht ganz in der Nähe der irischen Westküste gelegen haben mochte.

Natürlich war Avalon für die meisten Menschen nur eine Sage – wie Einhörner und Feen, die nur Fantasiegestalten für Kinder sein sollen. Nachdem ich noch eine Weile über versunkene Inseln und ihre Bewohner nachgedacht hatte, machte ich mich auf den Rückweg. In der Lodge angekommen, erkundigte ich mich bei meinem Vermieter nach einer Möglichkeit zu reiten. In mir war plötzlich die Sehnsucht geweckt worden, mal wieder auf einem Pferderücken zu sitzen. Mr. O´Neil sagte mir, dass es eine Farm in Ballyconneely gab, die »horse riding« anbot.

Die Farm war nur zehn Minuten von dem Lodge entfernt, und ich machte mich sofort auf den Weg. Sie lag direkt am Meer und bestand aus einem Wohnhaus, zwei Ställen, einem kleinen Reitplatz und einem Schuppen. Unter einer Farm hatte ich mir eigentlich etwas anderes vorgestellt, aber da es die einzige Möglichkeit war, einen Ausritt zu machen, ignorierte ich meinen ersten Eindruck. Es goss immer noch in Strömen, als ich aus dem Auto stieg. Im ersten Moment war niemand zu sehen, und so ging ich zu dem Wohnhaus. Ich klingelte, und kurz darauf öffnete mir eine Frau die Tür. Sie fragte mich, wie sie mir helfen könne, und ich sagte, dass ich gerne einen Termin für einen Ausritt buchen würde. Sie bat mich ins Haus.

Die Einrichtung war eher schlicht, doch mit dem brennenden Feuer im Kamin wirkte alles sehr behaglich. Die Frau stellte sich mit dem Namen Anne vor, und es zeigte sich, dass sie auch Deutsche war. Sie erzählte mir, wie sie nach Irland gekommen war und an diesem Fleckchen Erde ihre zweite

Heimat gefunden hatte. Während Anne mir ihre Geschichte erzählte, stellte sie mir eine Tasse Tee auf den kleinen Holztisch vor dem Kamin und machte mit einer Handbewegung deutlich, dass ich in einem der Sessel Platz nehmen sollte.

Allem Anschein nach freute sie sich über meine Anwesenheit. Ich hörte interessiert zu und trank dabei den Tee. Nach einer Weile wollte Anne von mir wissen, was ich in dieser Jahreszeit an der Westküste vorhatte. Es war keine Urlaubssaison und das Wetter im Mai meist unbeständig und regnerisch. Ich erzählte ihr, dass ich mich mit Irland sehr verbunden fühlte. Sie antwortete darauf, dass ich vielleicht mal in einem früheren Leben hier gewesen sei. Ich lächelte sie an, sagte aber nichts dazu.

Als ich meinen Tee ausgetrunken hatte, erkundigte ich mich nach einem Termin für einen Ausritt. Sie bot mir direkt den nächsten Vormittag an. Ich freute mich, und nachdem sie mir noch sagte, dass ein *Guide* den Ausritt begleiten würde, verabschiedete ich mich.

Als ich das Haus verlassen hatte und gerade in das Auto einsteigen wollte, kam mir eine Gruppe von drei Reitern entgegen. Der erste Reiter trug einen alten Cowboyhut aus Leder. Seine Haut war von dem irischen Wetter gegerbt. Der Mann guckte mich mit einem durchdringenden und kalten Blick an. Trotzdem grüßte ich freundlich. Er grüßte zurück, und als ich schon fast ins Auto gestiegen war, drehte er sich noch einmal um und sagte: »See you tomorrow.«

Eine Gänsehaut überkam mich und ich schloss schnell die Fahrzeugtür. Der Mann war mir unheimlich, und die Tatsache, dass er »wusste«, dass ich am nächsten Tag tatsächlich wiederkommen würde, verstärkte mein Unbehagen. Zügig fuhr ich zurück in das Lodge. Dort angekommen, ging ich sofort in mein Zimmer. Ich aß ein paar Sandwiches, und nach einer heißen Dusche kuschelte ich mich in das warme Bett. Mrs. O´Neil hatte mir eine Heizdecke gegeben, die sich jetzt bewährte. Ich versuchte nicht mehr an den seltsamen Reiter von der Farm zu denken und schlief schnell ein. Es war ein langer Tag gewesen und neue Abenteuer kündigten sich bereits an.

Kapitel 6

Das weiße Einhorn

Ausgeschlafen wachte ich am nächsten Morgen auf. Ich freute mich auf den bevorstehenden Ausritt. Nach einem ausgiebigen Frühstück machte ich mich sofort auf den Weg zu der Farm. Auf der kurzen Autofahrt dachte ich wieder an den seltsamen Reiter und hoffte, ihn nicht anzutreffen.

Doch es kommt immer anders als man denkt. Als ich das Auto auf dem Parkplatz abstellte und ausstieg, stellte sich genau dieser Mann mit dem Namen Sean als mein Reitbegleiter und *Guide* vor. Er sagte mir, dass Anne in die Stadt gefahren sei und wir beide alleine ausreiten würden. Ich wusste nicht, ob ich mich darüber freuen sollte und zwang mir ein Lächeln auf die Lippen. Sean übergab mir die Zügel von dem Pferd, das bereits gestriegelt und gesattelt auf mich wartete.

Der Wallach war braun und hörte auf den Namen Snoopy. Ich hangelte mich ein bisschen unbeholfen an dem Sattel hoch und machte es mir dann bequem. Der letzte Ausritt lag einige Jahre zurück, und ich war gespannt darauf, wie Snoopy und ich miteinander auskommen würden. Bevor wir das Gelände verließen, wollte Sean von mir wissen, ob ich Erfahrung mit Pferden hatte. Ich sagte ihm, dass ich als Teenager ein eigenes Pferd besessen hatte und in den letzten Jahren ein paar Mal ausgeritten war. Er nickte kurz, ohne etwas zu sagen, dann ging es los.

Von der Farm aus ritten wir zunächst durch die Dünen zum Strand. Snoopy wurde unruhig, und ich spürte, dass er laufen wollte. Sean schien trotz seiner unheimlichen Aura ein guter und erfahrener Reiter zu sein, und zusammen galoppierten wir durch das Wasser. Ich spürte das Adrenalin in meinen Adern und das Gefühl von Freiheit und Abenteuer. Die Pferde hatten ebenfalls ihren Spaß, und ich ließ die Zügel los, damit Snoopy ungehindert galoppieren konnte. Als wir am Ende des Strandes ankamen, führte ein schmaler Weg wieder durch die Dünen. Sean und ich ließen den beiden Pferden Zeit, sich zu beruhigen. Dann ging es weiter.

Ich wollte mir den Ausritt nicht durch mein persönliches Empfinden Sean gegenüber verderben und drängte das Unbehagen in meinem Bauch beiseite. Im Schritttempo ritten wir durch die wunderschöne Küstenlandschaft. Hier und da liefen Kühe durch die Dünen oder ruhten sich aus. Das Bild amüsierte mich, da ich vorher noch nie Kühe am Strand gesehen hatte.

Als wir gerade den Pfad aus den Dünen herausritten, sah ich plötzlich eine schneeweiße Stute auf einer Wiese liegen. Sie strahlte und leuchtete, und ich spürte sofort, dass dort ein Einhorn lag. Einen kurzen Moment schien es, als ob wir miteinander verbunden waren, und ich sah den Energiestrahl (das Horn) an ihrer Stirn. In der Luft lag Magie und der Zauber einer längst vergessenen Zeit. Sean schien »etwas« bemerkt zu haben, denn er fragte mich, ob alles okay sei. Noch etwas hypnotisiert von dem Anblick, nickte ich und wendete dann meinen Blick von dem Einhorn ab. Meine innere Stimme signalisierte mir, Sean nichts von dem Einhorn zu erzählen, und das Unbehagen machte sich wieder bemerkbar. Mein Begleiter guckte mich mit seinem kalten, durchdringenden Blick an, und ich hoffte, dass die verbleibende Zeit schnell vorbei sein würde.

Wir ritten weiter auf einer Straße entlang und kamen durch zwei winzige Dörfer. Die Pferde liefen ruhig und sicher, und Sean begann mit einer Unterhaltung. Er wollte wissen, was ich beruflich mache, und ich erzählte ihm oberflächlich von meiner spirituellen Arbeit. Er zeigte sich sehr interessiert, und ohne ihn dazu aufgefordert zu haben, erzählte Sean mir dann seine halbe Lebensgeschichte. Er offenbarte mir wirklich sehr private Einzelheiten, obwohl er bestimmt kein Mensch war, der so einfach offen über seine Erfahrungen und Gefühle sprach. Trotz alledem war er mir immer noch unsympathisch. Da wir uns mittlerweile auf dem Rückweg befanden und dem Strandabschnitt näherten, der zu der Farm führte, verlangsamte Sean plötzlich das Tempo und blieb mit seinem Pferd stehen. Snoopy stoppte ebenfalls, und fast wäre ich aus dem Sattel gerutscht.

Sean fragte mich, wie lange ich in Ballycoonnely bleiben wollte. Ich antwortete, dass es ein paar Tage sein würden, und er fragte mich, ob wir uns mal am Strand treffen wollten. Ich fühlte mich unwohl bei seiner Frage und wusste nicht, wie ich darauf reagieren sollte. Eines war aber ganz klar: Ich wollte keine Sekunde länger als nötig mit diesem Mann verbringen. Außerdem fand ich seinen Vorschlag wirklich anmaßend.

Ich schüttelte den Kopf und sagte geradeheraus, dass ich das ganze für keine gute Idee hielt. Sean schien von dieser Abfuhr nicht wirklich berührt zu sein und antwortete, wenn ich es mir noch anderes überlegen würde, könnte ich ihn ja anrufen. Seine Nummer stand auf dem Flyer, den mir Anne am Vortag mitgegeben hatte.

Danach gab Sean seinem Pferd einen leichten Kick mit den Hacken und galoppierte los. Snoopy folgte ihnen, und ich war erleichtert, als wir den Stall erreichten. Zügig sprang ich von

Snoopy ab, klopfte ihm als Dankeschön liebevoll auf den Hals und übergab wortlos die Zügel an Sean.

Nachdem ich bezahlt hatte, verabschiedete ich mich und fuhr schnell von dem Gelände fort.

Als ich kurze Zeit darauf das Lodge erreichte, blieb ich noch ein paar Minuten im Auto sitzen. Ich musste mich erst einmal sammeln und meine Gefühle sortieren. Mir war sogar ein bisschen übel, und ich entschied mich, einen Spaziergang zu der kleinen Bucht zu machen. Ich wollte in Ruhe über den Vormittag nachdenken.

An dem kleinen Strand angekommen, setzte ich mich auf einen der Felsen und atmete die Meeresluft ein. Die Übelkeit verschwand, und nun konnte ich mich auch zum ersten Mal über die Begegnung mit dem Einhorn freuen. Was für eine fantastische Erfahrung das war und ein wundervolles Zeichen! Ich fühlte die Einhörner ganz nahe an meiner Seite, und einmal mehr war mir bewusst, dass ihre Existenz real und wahrhaftig ist.

Ich war mir sicher, dass der Tag kommen würde, an dem ich diese Wahrheit mit anderen Menschen würde teilen können.

Jetzt saß ich erst einmal alleine an der Westküste Irlands mit diesem neuen Schatz im Gepäck.

Ich fragte mich, ob mein Ziel der Reise damit erreicht war. Doch die Frage, warum ich eine Verbindung mit den Einhörnern hatte, war noch nicht geklärt.

Ich blieb noch einige Zeit am Wasser sitzen, bevor ich mich auf den Rückweg machte. Den Rest des Tages verbrachte ich in meinem Zimmer.

Als ich am nächsten Morgen aufwachte, fühlte ich mich total gerädert. Natürlich hatte ich von dem Ausritt einen Muskelkater, doch schien mein Körper ein einziger Zementsack zu sein. Ich versuchte aufzustehen und bekam einen Schwindelanfall. Etwas in mir arbeitete, und auch meine Kreuzbeinblockade pochte im Rücken. Ich hatte schon viele Transformationen gemeistert, deshalb vertraute ich auf die Situation, auch wenn ich mich miserabel fühlte.

Nach einem reichhaltigen Frühstück fuhr ich mit dem Auto ein Stück die Westküste entlang. Die Sonne schien, es war ein wundervoller Tag. Das Autofahren benötigte allerdings meine volle Konzentration, denn mein Kopf fühlte sich an wie in eine dicke Nebelwolke gehüllt. Ich fragte mich, ob es eine gute Entscheidung gewesen war, in diesem Zustand loszufahren, und suchte mir eine Stelle, wo ich anhalten konnte. Vielleicht würde mir ein Spaziergang gut tun. Ich stieg aus dem Auto aus und folgte einer kleinen Straße, die von der Hauptstraße zum Meer führte. Die Gegend war hier sehr hügelig, und ich lief ein Stück bergab. Die Straße endete in einer Sackgasse. Dort standen zwei Wohnhäuser, und ein paar Kühe grasten auf einem kleinen Weidestück. Neben der Weide befand sich ein kleiner Strand. Ich folgte dem Pfad dorthin und setzte mich in den Sand.

Die Bucht war sehr schön, und ich konnte mir gut vorstellen, dass hier einst Piratenschiffe ihre Verstecke hatten. Mein Blick wanderte über das Meer, als ich am Ende des Strandes einen großen Felsabschnitt entdeckte. Er war Teil der Küste und führte steil nach oben. Die Wellen brachen an dieser Stelle, und weiße Gischt spritzte in der Luft. Wie es schien, gab es dort einen Eingang, und ich erkannte plötzlich die Grotte aus meiner Vision. Mir blieb kurz der Atem stehen und Tränen schossen aus meinen Augen. Ich war vollkommen überwältigt von den Gefühlen und ließ ihnen freien Lauf.

Es dauerte eine ganze Weile, bis ich mich wieder beruhigt hatte, und immer noch liefen Tränen meine Wangen hinunter.

Die Bilder der Vision sah ich klar und deutlich vor meinem geistigen Auge. Ich fühlte die Angst, die mit den Bildern verbunden war. Wie Schuppen fiel es mir plötzlich von den Augen. Sean hatte mich an den Mann und den Angriff aus meiner Vision erinnert.

Intuitiv rief ich Erzengel Michael zu mir und bat ihn darum, die ganze Situation mit seinem blauen Licht zu heilen. Ich fühlte die Energie des Erzengels um mich herum und entspannte mich. Meine Körperschmerzen waren verschwunden. Es hatte sich etwas gelöst.

Ich blieb fast drei Stunden an dem Strand sitzen, bis ich das Gefühl hatte, weiterfahren zu können.

Die Ereignisse waren so intensiv und teilweise auch alles andere als rational zu begreifen, dass ich mich fragte, was noch alles in den verbleibenden Tagen passieren würde. Ich vertraute absolut auf meine geistige Führung und den Sinn dieser Reise, aber in diesem Moment fühlte ich mich überfordert. Ich bewegte mich in mehreren Dimensionen gleichzeitig, hatte ein Einhorn gesehen und allem Anschein nach ein Erlebnis aus einem früheren Leben gelöst, da musste der menschliche Verstand erst hinterherkommen.

Um meine Erkenntnisse zu sortieren und den Boden unter den Füßen zu behalten, rief ich meine sehr gute Freundin Sandra in Hamburg an. Sie freute sich über meinen Anruf und sagte mir, dass sie den ganzen Tag schon an mich gedacht hatte. Ich erzählte ihr von meinen Erlebnissen. Die Worte sprudelten nur so aus mir heraus, und ich war dankbar, mit einem Menschen darüber reden zu können. Sandra machte mir Mut und versicherte mir, dass ich das ganze meistern würde.

Nach dem Gespräch ging es mir besser, und ich fühlte mich geerdet.

An diesem Nachmittag machte ich noch einen Ausflug zur Kylemore Abbey und erfreute mich an der Schönheit der grünen Insel und ihrer Sehenswürdigkeiten. Transformationen und frühere Leben waren für einen Augenblick vergessen.

Kapitel 7

Seelenursprung

Als ich am frühen Abend von meinem Ausflug zur Kylemore Abbey zurückkehrte, machte ich es mir in dem Kaminzimmer des Lodge gemütlich. Ich kuschelte mich in eine Wolldecke und lauschte dem Knistern des Feuerholzes. Während mein Blick in dem tänzelnden Feuerschein versank, gingen mir einige Gedanken durch den Kopf. Allmählich neigte sich meine Reise dem Ende zu. Ich wusste, dass es noch einige Zeit dauern würde, bis ich die Erfahrungen und Erkenntnisse der vergangenen Tage verarbeitet und verstanden hatte. Das Puzzle formte sich zu einem Bild, doch fehlte mir noch eine entscheidende Antwort. Warum waren die Einhörner in mein Leben getreten?

Während ich weiter darüber nachdachte, fiel mein Blick auf einen Fotobildband, der auf dem Tisch rechts neben mir lag. Ich nahm mir das Buch und blätterte darin herum. Es zeigte wunderschöne Landschaftsbilder der irischen Westküste. Bei einem der Bilder stutzte ich. Auf dem Bild war ein Wasserfall zu sehen. Es war nicht besonders spektakulär, aber die Natur um den Wasserfall herum, strahlte Magie aus. Unter dem Bild stand der Name »Aasleagh Waterfall«. Ich holte mir aus dem Foyer eine Karte und guckte mir die Route an. Die Entfernung betrug fünfzig Kilometer. Sofort stand fest, dass ich dorthin fahren musste.

Der nächste Morgen begrüßte mich mit Sonnenschein. Das perfekte Wetter für eine Tour mit dem Auto. Bevor ich losfuhr, guckte ich mir noch einmal die Wegstrecke an und steckte sicherheitshalber die Karte ein. Ich habe zwar einen guten Orientierungssinn, aber in diesem Fall wollte ich mein Ziel ohne Umwege erreichen. Ich war gespannt darauf, was mich am Aasleagh Waterfall erwarten würde. Die Fahrt war wundervoll, und ich genoss es, alleine durch die irische Landschaft zu fahren – vorbei an grünen Höhen, malerischen Seen und einer verwunschenen Hügellandschaft. Die Naturgeister und Wesen waren hier in aller Deutlichkeit zu sehen, und ich fühlte mich wie Alice im Wunderland.

Die Route führte durch Leenane direkt am Killary Habour vorbei – dem einzigen Fjord Irlands. Der Fjord ist ein beliebtes Ausflugsziel für Touristen, und man kann sogar Ausflugsfahrten auf einem Dampfer machen.

Ohne mich hier lange aufzuhalten, fuhr ich weiter zu dem Wasserfall. Nach zwanzig Minuten erreichte ich einen kleinen Parkplatz, der direkt an der Straße lag. Ich stellte den Wagen dort ab und erkannte voller Freude, dass ich die einzige Besucherin war. Ich folgte einem schmalen Weg, der vom Parkplatz zu dem Fluss Erriff führte. Von hier gelangte ich zu dem kleinen Wasserfall.

Alles in allem ist weder der Wasserfall noch der Fluss besonders spektakulär, aber die Energie der Natur ist voller Magie. Direkt an dem Wasserfall setzte ich mich auf einen Stein. Ich beobachtete, wie das Wasser über den Steinabbruch floss und sich in einem kleinen Becken sammelte. Plötzlich sah ich eine kleine Wassernixe. Sie schwamm direkt unter der Wasseroberfläche und guckte mich mit ihren dunklen Augen an. Ich war fasziniert und überrascht zugleich. Dann tauchte eine zweite Nixe auf. Sie schwammen beide im Kreis, als ob sie tanzen würden.

Während ich die beiden Elementarwesen beobachtete, bemerkte ich, dass vier Schmetterlinge und einige Libellen um mich herumschwirrten. Beide Tiere sind Botschafter der Elementare. Ich spürte, wie die Luft um mich herum vibrierte, und schloss für einen kurzen Moment meine Augen. In mir öffnete sich das Bewusstsein, dass ich an diesem Ort zu Hause war. Der Wasserfall war ein Tor zum Elementarreich – meiner Seelenheimat. Schon lange spürte ich, dass ich ein Elementarwesen bin. Jetzt fühlte ich diesen Gedanken in jeder Zelle meines Körpers. Meine Gefühle überschlugen sich. Ich verstand plötzlich den Sinn in allen Erfahrungen und Begegnungen der vergangenen Wochen und Monate. Ich erkannte mich selbst als inkarniertes Einhorn.

Ich brauchte ein paar Minuten, um mich zu sortieren. Langsam öffnete ich meine Augen und sah das ganze Reich der Elementare vor mir. Ich war wirklich zu Hause angekommen.

Ein Schauer nach dem anderen durchzog meinen Körper, und ein paar Tränen der Freude und Erleichterung liefen an meinen Wangen hinab.

All die Jahre begleitete mich das Gefühl, anders zu sein, nirgendwo hineinzupassen und dazuzugehören – selbst in meinem menschlichen Körper fühlte ich mich nur als Gast auf der Erde. Das waren Gedanken und Gefühle, für die ich ohne weiteres in der Psychiatrie hätte landen können. Nach jahrelanger Suche bestätigte sich nun am Aasleagh Fall mit einmal Mal mein Seelenursprung. Tief in meinem Inneren hatte ich es schon immer gespürt: Ich bin im Ursprung meiner Seele ein Einhorn.

Ich nahm mir Zeit für diesen Moment, denn er war der Schlüssel zu all meinen Fragen. Ich wusste, dass noch nicht alle beantwortet waren, aber von hier aus konnte ich jetzt zielgerichtet weitergehen. Wahrscheinlich ging meine wahre Reise erst richtig los.

Ich war mir absolut im klaren darüber, dass mich einige Menschen bestimmt für verrückt und durchgeknallt erklären würden und es in unserer Gesellschaft für solche Wahrheiten noch keinen wirklicher Platz gibt, aber ich vertraute darauf, dass die Tatsache, als inkarniertes Elementarwesen auf die Erde gekommen zu sein, einen Sinn haben musste.

Als ich am späten Nachmittag zurück nach Ballyconneely fuhr, fühlte ich einen Frieden in mir wie schon lange nicht mehr.

Natürlich formten sich mit der Erkenntnis, ein Einhorn zu sein, neue Fragen und Gedanken in meinem Geist. Ich war gespannt darauf, wie es für mich nun weitergehen würde.

***

Der ein oder anderer mag nun denken, dass das Leben zu einem Sonntagsspaziergang wird, wenn man seinen Seelenursprung gefunden hat. Ich kann an dieser Stelle versichern, dass zuerst einmal das genaue Gegenteil der Fall ist. Zumindest hat es sich in meinem Leben so dargestellt.

Der innere Frieden, den ich an diesem Nachmittag spürte, war die Ruhe vor dem Sturm. Noch am selben Abend fühlte ich wieder die Schmerzen in meinem Kreuzbein und schlief unruhig. Als ich am nächsten Morgen aufwachte, war ich müde und hatte Rückenschmerzen. Na toll, dachte ich, jetzt gingen die spirituellen Prozesse allem Anschein nach weiter. Ich wusste nicht, wie ich das finden sollte, und packte etwas missmutig meinen Rucksack. Es war mein letzter Tag auf der Grünen Insel, und ich wollte den Vormittag nutzen, um nach Galway zurückzufahren.

Auf dem Weg dorthin, ließ ich mir Zeit und fuhr einen kleinen Umweg. Ich wollte gerne noch Brigits Garden besuchen. Mrs. O´Neill hatte mir empfohlen, dorthin zu fahren, nachdem ich ihr erzählt hatte, dass ich mich für die Tuatha dé Danann interessierte.

Die Anlage bestand aus einem kleinen Gebäude und einer großen Grünanlage, die liebevoll gestaltet war. Ein Rundgang führt den Besucher durch die vier keltischen Jahreszeiten und ihre Feiertage.

Obwohl alles nachgestellt war, fühlte ich meine Verbundenheit zu jedem der einzelnen Standorte. Im Geiste rief ich wieder die Tuatha dé Danann und fühlte sofort ihre Gegenwart in meinem Energiefeld. Mit dem Bewusstsein, ein Elementarwesen zu sein, verstand ich mit einem Mal, warum ich mich dem Feenvolk so nahe fühlte. Die Tuatha dé Danann sind Elementarwesen. Durch diese Erkenntnis zeigte sich folgende spirituelle Wahrheit in meinen Gedanken:

Vor Millionen von Jahren hatte es eine Zeit gegeben: das Zeitalter von Atlantis. In dieser Zeit lebten die Tuatha dé Danann als inkarnierte Elementarwesen auf der Erde. Bevor das Gleichgewicht von Atlantis durch Machtmissbrauch und Manipulation aus dem Lot geriet, war es ein Zeitalter der Liebe und des Einklangs mit der Erde und allen Bewohnern und Lebewesen. Jeder lebte sein Potential, und der Austausch untereinander fand im bedingungslosen Geben und Nehmen seinen Ausdruck. Die Verbundenheit zu sich selbst, seinen Seelengeschwistern und den Pflanzen und Tieren auf der Erde konnte ungestört fließen. Ein jeder war in seiner Kraft.

Doch als einige Atlanter die spirituelle Kraft missbräuchlich einsetzten, um an die Macht der Erde und ihre Bewohner zu gelangen, war der Kontinent zum Untergang geweiht. Es gab jedoch Atlanter, die überlebt hatten. Auf ihren Schiffen erreichten sie die Küsten unbekannter Länder. Eine Gruppe Tuatha dé Danann landete an der irischen Westküste, um hier eine neue Heimat zu finden. So wurden sie zu den Ureinwohnern Irlands.

Die Energie des Unterganges von Atlantis hatte die Schwingung auf der Erde verändert. Das Rad des Karmas und der Sterblichkeit war entstanden. Dies hatte zur Folge, dass die Tuatha dé Danann nach und nach verschwanden.

Das entstandene Ungleichgewicht zeigte sich bis heute in sämtlichen irdischen Strukturen – ja, man kann sagen, dass die Matrix unserer Gesellschaft heute jener von Atlantis kurz vor seinem Untergang gleicht.

Mir wurde nun bewusst, dass die alte Energie, von der alle immer sprachen, nichts anderes war als die Strukturen von Atlantis vor dem Untergang.

Die Erinnerungen an das Geschehene waren noch in meinem Seelenbewusstsein gespeichert. Der Gedanke, dass es den meisten, wenn nicht sogar allen Atlantern, die jetzt inkarniert sind, ähnlich ergehen musste, erschien mir sinnvoll.

Somit sind wir alle wiedergekommen, um mit dem Untergang unserer Heimat und dem Verlust unserer Kraft, unserer Familien und unserer Seelenwege Frieden zu schließen. Ob dies bedeutet, das Goldene Zeitalter wirklich wieder aufzubauen, wie es von einigen gepriesen wird, konnte ich mir in diesem Moment nicht wirklich vorstellen.

Diese Erkenntnis hatte so eine Kraft, dass ich mich hinsetzen musste.

Ich holte ein paar Mal tief Luft und ließ das Wissen, das sich mir hier offenbarte, sacken.

Schon in Kapstadt und Portugal hatte ich meine Verbindung zu Atlantis gespürt und spirituelle Erfahrungen gemacht, die meine Erinnerungen und geistigen Bilder bestätigten.

***

Als ich Brigits Garden verließ und nach Galway fuhr, war ich mit einem uralten Wissen verbunden, das für viele Menschen noch nicht greifbar ist. Allmählich spürte ich meine Absicht, aus dem Reich der Elementare auf die Erde gekommen zu sein. Ich wusste, dass ich nicht die einzige war.

Meine letzte Nacht verbrachte ich in einer Jugendherberge in Galway. Am nächsten Morgen nahm ich den ersten Bus zurück nach Dublin. Es regnete, und die Landschaft war in ein tristes Grau gehüllt. Trotzdem sah ich die vielen Pferdewiesen. Auf meiner Reise hatte ich erfahren, dass Irland auch die Insel der Pferde genannt wird. Ich beobachtete die Pferde und musste an das Einhorn denken, das ich gesehen hatte. Welche Bedeutung Irland im Zusammenhang mit den Einhörnern hatte, nahm ich als unbeantwortete Frage mit zurück nach Hamburg. Immerhin hatte ich hier meinen Seelenursprung gefunden und die Verbindung zu den Tuatha dé Danann gelöst.

Der Hauch von Wandel umgab mich und streifte mein Bewusstsein. Von nun an würde mein Lebensweg in eine vollkommen neue Richtung führen.

Kapitel 8

»Was seitdem geschah...«

Als ich wieder in Hamburg angekommen war, machte ich mir natürlich Gedanken darüber, wie es nun mit meinem Leben weitergehen würde. Meine Lebensaufgabe war für mich zu diesem Zeitpunkt alles andere als greifbar, und dass ich mit meinem Wissen darüber, wer und was ich bin, nicht unbedingt den Nerv der Gesellschaft traf, erklärt sich ja von selbst.

Einen Tag nach meiner Ankunft bekam ich Besuch von meiner Mutter. Sie war sichtlich gespannt auf meinen Urlaubsbericht. Als ich ihr dann von meinen Erkenntnissen berichtete, veränderte sich ihr Gesichtsausdruck zu einem großen Fragezeichen. Mit der Tatsache, dass ihre Tochter ein inkarniertes Einhorn ist, hatte sie nicht gerechnet.

Die Wochen vergingen und mein innerer Prozess war immer noch im Gange. Ich begann Informationen über Einhörner zu sammeln. Dabei stellte ich schnell fest, dass nichts Brauchbares zu finden war. Als ich mir den Film »Das letzte Einhorn« anguckte, erkannte ich in dieser Zeichentrickgeschichte die erste sinnvolle Botschaft. Ich erkannte mich selbst in dem Kinderfilm wieder. Dass es sich bei diesem Film offiziell um ein Märchen handelt, zeigt, wie weit die Einhörner aus dem menschlichen Bewusstsein verschwunden sind.

Der zweite Film, den ich mir anguckte, heißt »Legende« mit Tom Cruise. Der Film ist als Fantasyfilm produziert. In der Handlung werden Einhörner von Schattenelfen angegriffen und gefangengenommen. Ein gehörnter Dämon will die Weltherrschaft übernehmen, und das funktioniert nur, wenn es keine Einhörner mehr auf der Erde gibt. Bei einigen Szenen wurde mir regelrecht übel, und meine Blockade im Kreuzbein meldete sich durch einen stechenden Schmerz. Welche Wahrheit über die Einhörner in diesem Film für mich steckte, sollte ich erst zwei Jahre später ganz begreifen.

***

Meine Reise lag bereits einige Wochen zurück, als ich zum ersten Mal in meinem Leben einen energetischen Angriff wahrnahm. Ich hatte bisher nur in esoterischen Texten darüber gelesen und noch keine eigenen Erfahrungen damit gemacht. Ehrlich gesagt, hielt ich die Theorie von energetischen Angriffen für esoterischen »Kram«.

Es begann damit, dass mir unter freiem Himmel kleine Steine auf den Kopf flogen, während ich auf der Terrasse eines Cafés saß. Ich guckte mich um, ob vielleicht einem Vogel etwas aus dem Schnabel gefallen war, aber es war weit und breit nichts zu sehen. Zwei Tage später veranstaltete mein Nachbar eine laute Party in seiner Wohnung. Ich klingelte und bat, die Musik etwas leiser zu machen, doch der junge Mann an der Tür verhöhnte mich und sagte grinsend, dass die Musik doch gar nicht so laut sei. Als ich wieder in meinem Bett lag, hatte ich das Gefühl, dass neben mir eine wild gewordene Herde von Kobolden ihr Unwesen trieb. Die Energien sprachen dafür.

Es geschahen noch weitere seltsame Dinge, die eindeutig zeigten, dass etwas oder jemand versuchte, mich zu ärgern.

Das ganze ging drei Monate und hörte dann abrupt wieder auf. Ich hatte mich von den Angriffen nicht einschüchtern lassen, trotzdem war das ganze wirklich unheimlich.

Mit der Zeit verankerte sich das Gefühl, ein Einhorn zu sein, in meinem Bewusstsein. Doch spürte ich, dass es noch nicht an der Zeit war, offen darüber zu sprechen. Ich beobachtete und ließ geschehen und nahm die Zeichen der geistigen Welt wahr.

So verging das Jahr 2009. Ich schrieb weiter an meinem Buch »Sternenkind« und brachte es Ende des Jahres zum Abschluss. Trotz meiner Erkenntnisse und Erfahrungen, fragte ich mich immer noch, welche Aufgabe ich mit meiner Einhornkraft auf der Erde haben sollte.

Im Januar 2010 erzählte mir meine liebste Freundin Anny am Telefon, dass sie bei einem Schamanen gewesen sei. Ich wurde hellhörig, da ich zwei Tage zuvor eine Orakelkarte gezogen hatte, die besagte, dass ich auf Zeichen achten soll. Am Abend bevor Anny anrief guckte ich im Fernsehen eine Reportage über Südamerika. In dem Bericht wurde das Leben südamerikanischer Schamanen dokumentiert. Ich fragte Anny nach dem Namen und der Nummer des Schamanen, der in Lübeck wohnte. Als mir drei Tage später noch ein Flyer für schamanisches Trommeln in die Hände fiel, wusste ich, dass darin die Botschaft für mich lag, den Schamanen aufzusuchen. Noch am selben Tag rief ich bei ihm an. Ich erreichte Reinhold sofort und bat um einen Termin. Er sagte, dass ich am kommenden Samstag vorbeikommen könne.

Als ich auf den Hof fuhr, fragte ich mich, was ich von dem Besuch bei Reinhold erwarten konnte. Ich hatte nicht die leiseste Ahnung und war gespannt auf die Begegnung mit einem echten Schamanen.

Reinhold präsentierte sich als ein geerdeter und gestandener Mann. Er und sein Hund begrüßten mich freundlich, und er führte mich zu einer kleinen Holzhütte im Garten hinter dem Wohnhaus.

Reinhold wirkte weder alternativ noch esoterisch und sah aus wie ein ganz normaler Mann Ende fünfzig. Sein Gesicht verriet allerdings, dass er auch schon einiges erlebt und durchlebt hatte.

In der Holzhütte gab es eine rustikale Sitzecke mit einem Holztisch. Gegenüber befand sich eine Liege und ein Holzregal, in dem vielen Bücher standen. Reinhold bot mir an, mich zu setzen. Er bemerkte die Neugier in meinem Blick, als ich den kleinen Beistelltisch entdeckte, auf dem drei Whiskey-Gläser standen. Schmunzelnd sagte er: »Die sind für meine drei irischen Kobolde. Sie ziehen sich die Essenz aus dem Whiskey und lieben ihn über alles.« Ich wusste, dass er die Wahrheit sprach und fühlte mich sofort wohl. Der Schamane erzählte mir, dass drei Elfenfamilien bei ihm im Garten wohnten und die Elementarwesen allmählich wieder nach Deutschland zurückkehrten. Mein Herz hüpfte bei seinen Worten. Nachdem er mir ein bisschen von sich erzählt hatte, wollte er wissen, was er für mich tun könne. Ich spürte, dass er in meiner Aura las und mit meiner geistigen Führung in Kontakt war. – Reinhold wusste, dass ich seine Kraft wahrnehmen konnte, und wir begegneten uns auf derselben Ebene.

Seine energetische Kraft machte mir keine Angst. Um die Frage zu beantworten, sagte ich Reinhold ehrlich, dass ich nur meinem Gefühl und den Zeichen von »oben« gefolgt war.

Er stellte mir einige Fragen, und ich erzählte ihm von meinen bisherigen Erfahrungen und Erlebnissen. Dass ich mich als inkarniertes Einhorn wahrnahm, behielt ich allerdings für mich.

Nach ungefähr drei Stunden Gespräch, bat er mich, auf der Liege Platz zu nehmen. Ich legte mich voller Vertrauen hin und schloss meine Augen. Reinhold plazierte ein paar Steine auf meinen Chakren, und der wohlriechende Geruch von Salbei durchströmte die Hütte. Ich fühlte die Energie durch meinen Körper fließen.

Als Reinhold mit seiner Energiearbeit fertig war, öffnete ich meine Augen. Etwas benommen von der Behandlung stand ich langsam auf. Ich fühlte ein warmes Pulsieren in meinem Rücken und mir fiel ein, dass ich Reinhold gar nicht von meiner Energieblockade im Kreuzbein erzählt hatte.

Der Schamane bat mich noch einmal, Platz zu nehmen. Er fragte mich, ob ich mir vorstellen könnte, bei ihm eine Ausbildung zum Schamanen zu machen. Etwas überrascht guckte ich ihn an. Er sagte mir, dass ich die Gabe und Kraft einer Schamanin in mir trage und dass er mich gerne in einem rituellen Rahmen einweihen würde. Ich reagierte etwas verlegen auf sein Angebot, fühlte aber, dass er etwas in mir gesehen hatte, was mir bis dahin gar nicht bewusst gewesen war.

Ich sagte ihm, dass ich sein Angebot sehr gerne annehmen würde.

Erfüllt und glücklich, ein Stück auf meinem Lebensweg weitergekommen zu sein und, vor allen Dingen, endlich einen Begriff von meinen spirituellen Fähigkeiten und ihrer Bedeutung erhalten zu haben, freute ich mich auf die bevorstehende Ausbildung.

Bereits zwei Wochen später war es dann soweit. Ich fühlte, dass eine Einweihung bevorstand – etwas in mir erwachte. Die Ausbildung dauerte ein Wochenende.

Als Reinhold mich in die Arbeit einführte, stellte ich fest, dass ich schon immer auf dieselbe Weise spirituell gearbeitet hatte.

Die Ausbildung endete mit einer Zeremonie. Eine feierliche und besinnliche Stimmung erfüllte die Hütte. Ich fühlte mich in eine andere Zeit versetzt, und in meiner Seele erwachten uralte Erinnerungen.

Bevor ich mich von Reinhold verabschiedete, sagte er mir, dass ich gut auf mein Einhorn acht geben sollte. Natürlich hatte er mich als Schamane erkannt.

Meine Kräfte und Fähigkeiten trugen jetzt eine Bezeichnung, doch etwas in mir sträubte sich immer noch, mich Schamanin zu nennen.

Zur selben Zeit befand sich mein Buch »Sternenkind« in der Endphase und sollte bald erscheinen. Meine schamanische Ausrichtung rückte somit in den Hintergrund und sollte dort noch eine ganze Weile im Verborgenen liegen.

***

Im Herbst 2010 lud mich ein Bekannter zur Lebensfreude-Messe in Hamburg ein. Ich hatte dort die Gelegenheit, mein Buch zu verkaufen und drei Workshops anzubieten. Der Bekannte schrieb in den Veranstaltungsplan »Sternenkinder und Einhörner«. Zuerst war ich etwas verunsichert, weil ich nicht wusste, was ich den Leuten erzählen sollte. Doch als sich der Raum füllte und die Besucher aufmerksam zuhörten, sprachen sich die Worte von selbst.

Bei der dritten Messe im März 2011 erzählte ich dann zum ersten Mal die Wahrheit über meinen Seelenursprung. Die Zuhörer reagierten unterschiedlich, und ich fragte mich, ob ich die richtige Entscheidung getroffen hatte. Viele Menschen konnten sich allem Anschein nach nicht vorstellen, dass es Einhörner tatsächlich gibt und noch weniger, dass sie als Mensch auf der Erde lebten.

Ich gebe zu, rein rational betrachtet, klingt das ganze natürlich nach einem Fantasyroman – das letzte Einhorn eben.

Um so mehr freute es mich, als ich auf dieser Messe einen Stand entdeckte, an dem man Einhorn-Essenzen kauften konnte. Seit Beginn des Jahres hatte ich das Gefühl, dass die Einhörner sichtbarer werden würden. Der Stand war eine Bestätigung.

Immer öfter wurde nun von der Einhornenergie gesprochen, und es gab sogar Kurse und Seminare, wo man sich als Einhorncoach ausbilden lassen konnte. Ich beobachtete die Entwicklung mit gemischten Gefühlen.

Im Sommer 2012 wurde ich dann zum Einhorn-Sommercamp eingeladen. Hier erzählte ich zum allerersten Mal vor einer großen Menge Menschen, wer und was ich tatsächlich bin. Der Vortrag gestaltete sich für alle Beteiligten sehr emotional.

Auf dieser Veranstaltung begegneten mir zwei weitere inkarnierte Einhörner. Es war ein schönes Gefühl, die eigenen Erfahrungen teilen zu können. Trotzdem fühlte ich mich beim Einhorncamp unwohl. Mein Wissen über die Einhörner und das Gefühl der Einhornenergie unterschied sich sehr davon, wie die Einhörner von anderen dargestellt und vermarktet wurden. Ich machte den ein oder anderen darauf aufmerksam, wurde aber mit dem esoterischen Glaubenssatz, es gäbe unendlich viele Wahrheiten, abgetan.

Ich möchte an dieser Stelle gerne betonen, dass es *eine* universelle Wahrheit gibt, vor allen Dingen, was die Geschichte der Einhörner betrifft.

Also beschloss ich, mich eine Weile zurückzuziehen und sagte weitere Veranstaltungen ab. Die Darstellung der Einhörner und ihre Vermarktung in der Öffentlichkeit lösten in mir Unwohlsein aus. Ich wollte den Grund dafür herausfinden.

In dieser Zeit traf ich meine Seelenzwillingsschwester Annika. Sie hatte mein Buch gelesen und schrieb mir daraufhin eine Mail. Bereits bei unserem ersten Telefonat fühlten wir unsere Seelenverwandtschaft. Sehr bald schon sollte sich zeigen, warum wir uns wiedergetroffen hatten. Es war Ende des Jahres, und der 21.12.2012 näherte sich.

Kapitel 9

Die Wiedergeburt

Diesem Datum hatte ich vorher keine wirkliche Aufmerksamkeit geschenkt. Natürlich hörte man von allen Seiten die unterschiedlichsten Theorien, doch ließ ich diesen Tag völlig unvoreingenommen auf mich zukommen. Welche Auswirkungen der 21.12.2012 auf mein Leben haben sollte, stellte sich in den folgenden Monaten des neuen Jahres 2013 heraus.

In diesem Jahr sollten sich uralte Ketten lösen, alte Wunden heilen und die Verletzungen meines Einhornwesens sichtbar werden. Ein heftiger, krasser, teilweise grenzwertiger und doch absolut geführter Jahrhundertprozess rollte über mich und mein Leben hinweg.

Anfang des Jahres, am 7.1.2013, veranstaltete ich einen Meerjungfrauen Workshop. Seit einiger Zeit arbeitete ich in meinen Behandlungen mit diesen Energien. In dem Seminar channelte ich eine Meditation, in der wir uns ganz bewusst von den Erfahrungen und unerlösten Gefühlen unserer Ahnenreihen verabschiedeten. Ich bin mir sicher, dass wir damit unsere Wiedergeburt initiierten. Annika nahm auch an dem Workshop teil. Wenn wir gewusst hätten, welche Auswirkungen das ganze haben würde, wären wir wahrscheinlich zurückhaltender gewesen – aber es sollte so sein, und unser Seelenbewusstsein war bereit dafür.

Die Initiierung hatte zur Folge, dass meine Kundalinienergie aktiv wurde.

Was ist die Kundalini? – Ich sehe in der Kundalinienergie die Ursprungsenergie eines jeden Menschen. Die Kraft, die diese Energie freisetzt, transformiert und heilt alle Blockaden und Gedankenmuster in unserem System, bis die Verbindung zum eigenen Ursprung wieder frei fließt. Dies bedeutet, dass das innere Kind, also unsere Verbindung zur Erde und unseren menschlichen Erfahrungen, im wahrsten Sinne des Wortes neu geboren wird. Folglich war ich schwanger mit mir selbst.

Ich hatte mal gelesen, dass die Kundalinienergie erst aktiv wird, wenn die Person schon eine gewisse spirituelle Vorarbeit geleistet hatte. Wenn ich zurückblicke, befand ich mich fortlaufend in spirituellen Prozessen und wünschte mir eigentlich, dass mein Leben allmählich ruhiger werden würde. Doch meine Seele hatte einen anderen Plan für mich.

Anfang Februar spürte ich, dass sich »etwas« in mir bewegte. Zum ersten Mal in meinem Leben zeigte mein Körper heftige Reaktionen auf meine persönliche Heilarbeit. Ich bearbeitete und reflektierte die Themen, die mir mein Alltag vorlegte, wie immer, nur kam es jetzt auch mal vor, dass ich mich plötzlich übergeben musste. Hinzu kamen Schwindelgefühle, extreme Müdigkeit und körperliche Erschöpfungszustände.

Mein Körper befand sich in seinem eigenen Reinigungsprozess, den ich nicht steuern konnte. Ein paar Mal befand ich mich wirklich in doofen Situationen. Einmal schaffte ich es gerade noch auf die Toilette, weil ich mich übergeben musste, nachdem ich meinen Sohn von der Kita abgeholt hatte. Der kleine Zwerg stand neben mir am Klo, während ich mich erbrach und seine Hand hielt. Er weinte, weil er nicht verstand, was mit mir los war und ich ihm zwischen Erbrechen und Kloschüssel versicherte: »Mein Schatz, es ist alles gut, Mama transformiert.«

Alle Themen, die ich mir in den vergangenen Jahren schon angeguckt und mit meinem spirituellen Verständnis durchleuchtet hatte, klopften noch einmal an die Tür. Für mich gab es jetzt nur noch die Möglichkeit, »da durch« zu gehen. Alte Verhaltensweisen und Muster funktionierten nicht mehr, auch wenn ich noch eine Weile versuchte, an dem einen oder anderen festzuhalten. Ich wurde durchgespült, ohne wenn und aber:

Selbstwertknoten, Verlustängste, Minderwertigkeitsgefühle, Vater- und Mutterthemen rauf und runter. Zum ersten Mal in meinem Leben lösten sich die ganzen Gefühle körperlich und emotional. Mein Verstand, der vieles schon fein säuberlich abgearbeitet und verstaut hatte, wurde zum Beobachter.

Annika durchlief denselben Prozess. Gemeinsam stellten wir fest, dass wir als Sternenkinder die ersten in unseren Familiensystemen sind, die ihr inneres Kind emotional heilen. Was für eine Aufgabe!!

Ich durchleuchtete die Strukturen in meinem eigenen Leben und verglich sie mit den Strukturen meiner Eltern und dem, was ich von meinen Großeltern wusste. So arbeitete ich mich Stück für Stück durch die einzelnen Themen hindurch. Mit Hilfe meines schamanischen Wissens und der Unterstützung der geistigen Welt, durch den Austausch in unzähligen Gesprächen und Telefonaten mit meiner Seelenschwester Annika und die Arbeit mit verschiedenen Orakelkarten meisterte ich den Weg der Heilung.

Es ist schwierig, Worte zu finden, die Ängste, Schuldgefühle und mangelnden Selbstwert beschreiben. Daher kann ich hier nur andeuten, welche Kraft und, vor allen Dingen, welchen Mut ich aufbrachte, um durch die Schatten hindurchzugehen.

In dieser Zeit erkannte ich deutlich, dass mir mein Seelenursprung und die mir innewohnende Einhornkraft das Vertrauen für diesen Prozess gab.

***

Annika und ich begegneten uns von Anfang an als inkarnierte Elementarwesen. Sie erkannte sofort mein Einhornwesen, und bald wurde deutlich, dass sie selbst eine Elfe ist. Bei unserem ersten Zusammentreffen erzählte ich Annika von meiner Energieblockade im Rücken.

Wir hatten beide das Gefühl, dass Annika ihre Hände auf die Stelle an meinem Rücken legen sollte. Ich fühlte sofort die Energie und sah auch ein geistiges Bild, doch löste sich vorerst nichts.

Für Annika war es eine wichtige Erfahrung, mit ihrer Elfenkraft zu arbeiten, und ihr war nach der Sitzung ein bisschen übel. Wir spürten beide, dass es eine magische Verbindung zwischen uns als Einhorn und Elfe gab.

Die Zeit verging, und wir hatten nach wie vor mit unserer Transformationen zu tun. Ein halbes Jahr später bat ich Annika darum, noch einmal eine Heilsitzung zu machen. Zum ersten Mal hatte ich den Impuls erhalten, dass meine Blockade auf äußere Einflüsse zurückzuführen war. Ich wollte dieser Eingebung nachgehen.

Annika legte wieder ihre Hände auf mein Kreuzbein. Die Energie arbeitete diesmal sofort, und während der Sitzung sah ich mich selbst als Einhorn. Wie in dem Film »Legende« wurde ich von einem Giftpfeil getroffen und durch das Gift geschwächt und konnte so von Schattenelfen gefangen werden. Annika sah dieselben Bilder und zog mit ihrer Elfenkraft das Gift aus meinem Einhornkörper. In jeder einzelnen Zelle meines Körpers hatte sich die Angst gespeichert, meine Kraft zu verlieren.

Dann zeigten sich vor meinem geistigen Auge Bilder von gefangenen Einhörnern, und uralte Erinnerungen erwachten.

Mir liefen die Tränen die Wangen hinab, während ich meinem Einhornschicksal begegnete.

Ich erkannte in meiner Einhorngeschichte die Geschichte aller Einhörner wieder. Die Einhörner wurden einst gejagt und gefangen gehalten – nicht auf der Erde, sondern im Reich der Elementare. Diese traurige Wahrheit hatte ihren Ursprung in Atlantis. Dort hatte ich als inkarniertes Einhorn gelebt. Jetzt erkannte ich die Botschaften meiner Irlandreise und die Puzzlesteine fügten sich zu einem Gesamtbild zusammen. Somit waren mein karmischer Kreislauf und meine Leben hier auf der Erde die Suche nach meiner eigenen Kraft gewesen. Mir wurde jetzt bewusst, dass ich als Schamanin mit meinem Seelenursprung bewusst in Verbindung stehe. Alles, was mir hier auf der Erde als Mensch widerfahren war, geschah somit meinem Einhornwesen zeitgleich im Elementarreich.

***

Die Energiebehandlung zeigte ihre Wirkung. Ich schwitzte in der Nacht, und als ich am nächsten Morgen aufwachte, musste ich mich übergeben. Den ganzen Tag spuckte ich mir, auf gut deutsch gesagt, die Einhornseele aus dem Leib und war dankbar, dass Annika sich um meinen Sohn kümmern konnte. Zum Abend hin ging es mir besser, und ich spürte, dass ich mich jetzt befreite und Frieden mit der Vergangenheit, meinen irdischen Erfahrungen und dem Untergang von Atlantis schließen konnte. Ich war mir sicher, dass sich jetzt alle Einhörner befreien würden. Die Zeit der Angriffe und des Machtmissbrauchs neigten sich dem Ende entgegen.

Als Annika am nächsten Tag mit der Bahn nach Hause fuhr, erging es ihr ähnlich. Als Elfe fühlte sie die Schuld ihrer Elfengeschwister. Einige Schattenelfen hatten eingewilligt, die

Einhörner zu jagen, und brachen damit ein uraltes Gesetz. Dazu gehörte auch der Verrat an den Einhörnern. Annika und ich durchliefen nun zeitgleich die Heilung der Einhörner und Elfen. Wir heilten also nicht nur unser inneres Kind, sondern zeitgleich unseren Seelenursprung – Dimensionsarbeit, könnte man sagen. Bis einschließlich Weihnachten hatten wir auf allen Ebenen mit diesem Prozess zu tun.

Natürlich überlegten Annika und ich, wie wir als Elementarwesen im irdischen Bewusstsein gelebt haben sollten. Ich fühlte mich als Einhorn, und dennoch erkannte ich, dass ich bereits in Atlantis als Mensch (Tuatha dé Danann) geboren war. Als Hüterin des Lichtes war ich, so wie viele andere, ein Dorn im Auge derer, die versuchten, die Menschheit und die Erde zu kontrollieren. Sie übten schwarzmagische Praktiken aus, und viele Lichtwesen verloren ihre Kraft, ohne dass sie es verhindern konnten. Einige Elementare entschieden sich für Machtmissbrauch und verließen den Weg der Liebe. Somit wiederholten sich auch der Angriff auf die Einhörner und ihre Gefangenschaft immer wieder.

Diese Erkenntnis hatte sich bis Weihnachten geformt. Ich bat Annika abermals um Hilfe. Ich fühlte, dass schwarzmagische Kraft immer noch in meiner Aura wirkte. Annika wusste, dass sie mit ihrer Elfenkraft den Fluch ein für alle Male lösen konnte. In der heiligen Nacht des 24.12.2013 um 00.00 Uhr zog Annika den Fluch aus meinem Körpersystem. In den nun folgenden Wochen und Monaten heilten Ängste, unterdrückte Gefühle und die Folgen des Fluches. Nun spürte ich endlich meine volle Einhornkraft fließen. Dies zeigte sich auch bei den Behandlungen meiner Klienten deutlich, und die Wirkung meiner Heilessenzen schien sich verändert zu haben.

Annikas und meine Arbeit diente somit dem großen Ganzen. Wir sind beide davon überzeugt, dass seit dem 24.12.2013 das Gleichgewicht auf der Erde und im Elementarreich wieder hergestellt wird. Indem Annika aus ihrem Elfenursprung heraus mein Einhornwesen befreit hatte, war die alte Schuld der Elfen beglichen und damit das Karma erlöst.

Jetzt verstand ich auch meinen Missmut über die Darstellung und Vermarktung der Einhörner in der Öffentlichkeit. Das meiste, was dort in Form von Botschaften und Energien verbreitet wird, hat nichts mit der Wahrheit und Einhornkraft zu tun. Vielmehr werden die Einhörner immer noch missbraucht und falsch dargestellt. Nicht jeder Mensch hat die Verbindung zu den Einhörnern, und auch nicht jeder Mensch hat ein Einhorn an seiner Seite. Und das ist weder schlimm noch dramatisch noch ein Grund zur Sorge. Es geht einfach darum, dass die Menschen den Weg zu sich selbst und ihrer eigenen Kraft finden, ohne die Energie eines anderen Wesens zu benötigen.

Die Einhornenergie leuchtet die Dunkelheit aus, und so können Ängste geheilt werden. Ihre Kraft unterstützt den spirituellen Weg eines jeden. Dafür kann diese Energie genutzt werden. Alles andere hat mit der Einhornenergie nichts zu tun.

***

Die Heilung des inneren Kindes ist der Schlüssel zur Freiheit und zu einem selbstbestimmten Leben. Das Fühlen ist der Weg dorthin, und keine Therapie, keine Mittelchen, keine Essenz und kein geistiges Wesen kann und will uns die Heilung unserer Gefühle abnehmen.

Zurückblickend kann ich sagen, dass ich meinen Weg und die Reise zu meinem Ursprung mit allen Höhen und Tiefen, mit Loslassen, Vertrauen und emotionalen wie körperlichen Herausforderungen gemeistert habe.

Manchmal hängen mir die Worte: inneres Kind, Prozess, Transformation und Loslassen zum Hals heraus. Mein Sohn spiegelt mir täglich bedingungslos meine noch vorhandenen Knotenpunkte, und ich weiß, dass es auch im neuen Jahr 2014 weitergeht für mich – als Mensch und Frau hier auf der Erde.

Doch ist mein inneres Kind, das als inkarniertes Elementarwesen in einen menschlichen Körper geboren wurde, erwacht und das Einhorn in mir in seiner ursprünglichen Kraft verankert. Für dieses Geschenk bin ich unendlich dankbar.

Die Transformation und Heilung der vergangenen Monate führte mich auch zu meinem schamanischen Ursprung zurück. Meine schamanische Fähigkeit, die mich die Seele in jedem Menschen sehen und heilen lässt, habe ich von meinem Großvater geerbt. Persönlich habe ich ihn nie kennengelernt, aber er begleitet mich seit einigen Jahren auf der geistigen Ebene und ist mir zweimal in einer Vision begegnet. Man sagt, dass die Gabe des Schamanen angeboren ist, und in den wenigen Büchern, die ich über Schamanen gelesen habe, stand, dass es meist ein langer Weg ist, bis der Schamane seine Kraft voll und ganz annimmt.

Zurückblickend auf die vergangenen Monate und Jahre unterstreiche ich das. Der Begriff Schamane ist sehr groß, und ich persönlich weiß immer noch nicht, ob ich mir ein Schild mit dem Begriff »Schamane« an meine Tür hängen soll. – Was ich weiß, ist, dass Schamanismus viel mehr beinhaltet, als mit Trommeln und Weihrauch die Geister zu rufen. Jeder Mensch kann den schamanischen Weg gehen, welcher bedeutet, zu sich selbst zu finden. Das Geheimnis liegt darin, die Ahnen und ihre Erfahrungen in diese Arbeit mit einzubeziehen. Schamanische Kräfte jedoch werden einem in die Wiege gelegt und können nur daraus entwickelt werden. Ich wünsche mir sehr, dass sich der esoterische Markt mit seinen ganzen Angeboten, Produkten und Ausbildungen in eine authentische Richtung entwickelt und alle Menschen mit ihren wahrhaftigen Gaben dem großen Ganzen dienen.

Zum Abschluss möchte ich allen Menschen Mut machen, das Vertrauen in sich selbst zu finden. Wir alle haben unsere Päckchen und Erfahrungen aus vielen Inkarnationen im Gepäck, so dass unsere Familien und auch das innere Kind nur einen kleinen Teil von dem ausmachen, was und wer wir wirklich sind. Jeder Mensch ist einzigartig und etwas ganz Besonderes.

Dass Menschen Verbindungen zu den Einhörnern besitzen, ist zweifellos stimmig. Dass man in Einhornenergie eingeweiht werden kann oder als Einhornheiler durch die Lande zieht, ist schlichtweg Unsinn. Entweder hat man diese Kraft in sich oder nicht. Es ist weder besser noch aufregender ein Einhorn (bzw. inkarniertes Elementarwesen) zu sein, und ich wünsche mir, dass die rosarote Glitzerdarstellung der Einhörner bald ein Ende findet.

Auch wird kein Einhorn jemals ein Engel sein, sondern ein Elementarwesen bleiben, das seine Aufgabe hat – wie alle Elementarwesen. Die Einhörner sind überhaupt nicht mit Engeln zu vergleichen und kommen weder aus der siebten noch der neunten oder einer anderen Dimension. Die Einhörner kommen aus dem Elementarreich. Die Botschaft der Einhörner, die gern verbreitet wird, gibt es überhaupt nicht. Einhörner haben nämlich keine Botschaft für die Menschen.

Als ich vor vier Jahren aus Irland zurückkam, habe ich mich oft gefragt, warum ich in einen menschlichen Körper geboren wurde. Jetzt weiß ich, dass es mir so möglich ist, mich als

Einhorn zu befreien und den Menschen die Wahrheit über uns zu erzählen.

Die Einhörner zeigen sich, damit das Alte in Frieden geht, und dann dürfen auch die geistigen Wesen endlich entlassen werden, denn alles liegt in uns selbst als Menschen hier auf der Erde. Wenn wir uns für uns selbst entscheiden, erkennen wir, dass wir die Macht und Kraft in uns selbst tragen – und das ist der spirituelle Pfad eines jeden hier auf Erden.

***

In Irland hatte sich meine Seele mit meinem Ursprung verbunden. Da ich den Untergang von Atlantis überlebt hatte, war Irland als Tuatha dé Danann meine neue Heimat gewesen. Auf unseren Schiffen erreichten wir die irische Küste und versuchten auf diesem Land eine neue Heimat zu finden.

Ich bin mir sicher, dass ich noch einige Male in Irland inkarniert gewesen bin und dort immer wieder an das, was ich tatsächlich bin, erinnert wurde. Dass diese Erinnerungen mit meinem Kraft- und Machtverlust durch einen schwarzmagischen Angriff und Fluch verbunden waren, erklärt nun, warum ich in den drei Wochen meines Aufenthaltes auf der grünen Insel vor fünf Jahren diese intensive Transformation durchlief. Das Tor zu mir selbst hatte sich dort geöffnet. Alles, was mir in den vergangenen Monaten und Jahren widerfahren war, stellte die Heilung meines Seelenursprunges dar.

Seit dem 21.12.2012 hat sich die Energie auf der Erde verändert. Die Angst wird verschwinden und die Matrix ihre Macht verlieren. Die Einhörner werden zurückkehren, sicher und ohne Angst. Sie werden leuchten und die Menschen an die einzige Wahrheit, hier auf der Erde, erinnern: die Liebe!

Nach etlichen Monaten harter und herausfordernder Arbeit, die zu all diesen Erkenntnissen führte, bin ich vom Sternenkind zur Sternentänzerin auf dem Einhornpfad und – endlich – erwachsen geworden.

In diesem Sinne wünsche ich – als Einhorn und als Mensch – jedem Menschen von ganzem Herzen, seine Seele in sich selbst zu erkennen.

Epilog

Atlantis und der Fluch

Die Geschichte von Atlantis wirkt bis heute in unseren Seelenerinnerungen. Es wurde zu diesem Thema schon viel geschrieben und gechannelt. Nicht alles, was veröffentlicht und niedergeschrieben wird, hat tatsächlich mit der atlantischen Wahrheit zu tun – und natürlich bin auch ich weder allwissend, noch steht es mir zu, andere Aussagen zu bewerten. Meine Worte und mein Wissen ziehe ich aus meinen persönlichen Erfahrungen und meiner eigenen Geschichte.

Atlantis war als Kontinent in einzelne Königreiche eingeteilt. Die Könige und Anführer regierten im Namen der Liebe. Es gab in Atlantis keine hierarchischen Unterschiede. Es waren alle mit sich selbst und ihrer Kraft verbunden und gingen ihren Seelenaufgaben nach. Ich betone das, damit nicht der Eindruck entsteht, man sei in bestimmten Positionen etwas Besseres gewesen. Alles war im Einklang und miteinander friedvoll verbunden.

Den Menschen waren die spirituellen Gesetze bewusst und vertraut.

Die Natur und ihre Lebewesen wurden geachtet und wertgeschätzt. Die geistige Welt und das Elementarreich gehörten zum Leben in Atlantis dazu. Die Atlanter achteten die spirituellen Gesetze, und die Energien der Elementarwesen wurden von den Druiden und Heilerinnen zum Wohle der Menschheit genutzt. Die Liebe war die Sprache in Atlantis und die Herzen offen und voller Frieden. Zu dieser Zeit hätte sich kein Atlanter vorstellen können, dass sich dies einmal ändern würde.

Die Erde war im Universum ein besonderer Planet. Der Planet der Liebe.

Einige Magier und Zauberinnen erkannten, dass sie durch ihr Wissen Macht besaßen, und suchten den Kontakt zu den Wesen aus der Schattenwelt. Gemeinsam wollten sie Atlantis beherrschen. Sie verbanden sich untereinander und begannen unbemerkt, Wissen und Kräfte zu missbrauchen. Einige Elementarwesen fühlten sich von den dunklen Kräften angezogen und ließen sich darauf ein. Dadurch entstanden Verbindungen zwischen Elementarwesen und Magiern, die nicht zum Wohle der Gesamtheit wirkten. Das Gegenteil war der Fall. Bis dahin hatte es nur wohlwollende Absichten gegeben, so dass keiner etwas von dem bevorstehenden Machtmissbrauch ahnte.

Der Mann an meiner Seite war ein inkarnierter Drache. Unsere Energien ergänzten sich und führten unser Reich. Der Drache als Wächter und Symbol für den Schutz, das Einhorn als Zeichen für die Liebe. Das Licht der Einhörner hielt die Energie der Liebe in Atlantis und also auf der Erde. Erst wenn diese Kraft ihre Wirkung verlor, war es angstbesetzten Energien möglich, die Bewohner von Atlantis zu beeinflussen. Somit fanden die Magier einen Weg, die Einhörner zu schwächen. Sie verfluchten die Menschen, die mit den Einhörnern verbunden waren. In meiner Position und als inkarniertes Einhorn, musste ich »ausgeschaltet« werden.

Der Fluch vergiftete mein Energiefeld, und meine Kraft wurde schwächer und schwächer. Auch die Verbindung zu meinem Mann, dem Drachen an meiner Seite, wurde durch den Fluch getrennt, ohne dass wir uns dessen bewusst waren. Die Trennung wirkte sich negativ auf unsere Kraft und natürliche Macht aus. Die Liebe und der Schutz für unser Reich waren jetzt angreifbar.

Es herrschte Krieg, und Angst zog durch die Lande. Die schwarzmagischen Kräfte wirkten nun auch auf den gesamten Kontinent. Uns blieb nur die Flucht.

Meine Erinnerungen beziehen sich auf den Teil von Atlantis, in dem ich gelebt habe – dennoch glaube ich, dass der Machtmissbrauch zeitgleich auf dem gesamten Kontinent begann und alle Reiche dem Untergang geweiht waren.

Die Bilder der Flucht habe ich mehrfach seit Jahren immer wieder gesehen und emotional durchlebt. Mein Mann, unser Sohn und eine ganze Reihe von Gefolgsleuten, darunter auch Druiden und Priesterinnen, die dem Licht dienten, verteilten sich auf mehrere Schiffe. Dadurch, dass die Verbundenheit getrennt war, verloren sich die Schiffe auf offener See. Einige Boote landeten an der irischen Westküste. Gemeinsam mit meinem Sohn und den anderen wartete ich sehnsüchtig auf die Ankunft der anderen Schiffe und unserer geliebten Angehörigen. Doch sie kamen nicht. Mein Mann war auf einem der Schiffe, die nicht an der irischen Westküste ankamen. Die Kraft des Fluches hatte dazu geführt, dass wir uns verlieren konnten.

Wir versuchten, uns eine neue Heimat aufzubauen, doch waren wir durch die Trennungen von Atlantis und von unserer Heimat und unseren Familien verletzt. Unsere Herzen verschlossen sich, und wir hatten den Glauben in uns selbst, in Gott und die Liebe verloren. Das ist ein Schmerz, den die Überlebenden von Atlantis bis heute in ihrem Herzen tragen.

Ich persönlich habe den endgültigen Untergang von Atlantis gar nicht erlebt, da ich zu diesem Zeitpunkt schon auf Irland gewesen bin, so weiß ich nicht, was auf dem Kontinent am Ende geschah. Ich habe auch keine Erinnerungen daran, dass Atlantis hochtechnisiert war oder dass alle Hohepriester oder Priesterinnen gewesen sein sollen. Vielmehr war das Leben sehr viel ursprünglicher und natürlicher, als wie wir es heute kennen. Viele Darstellungen erinnern mich eher an Science Fiction-Romane, denen ebenfalls eine dunkle Energie zugrunde liegt und die Menschen durch bestimmte Vorstellungen und Bilder immer noch lenkt und manipuliert. Die Vorstellung, dass wir uns dort von Ort zu Ort »teleportiert« haben sollen, erscheint mir persönlich unsinnig. Die Menschen und Lebewesen waren in Atlantis mit Gott und sich selbst verbunden, so dass die geöffneten Herzen ein friedvolles Leben in Liebe gestalteten. Das Elementarreich und die geistige Welt hatten ebenso ihren Platz im Bewusstsein der Menschen wie die Gesetze der Natur.

Dass mich die Kraft eines Fluches beeinflusste, nahm ich mit in diesen irdischen Lebenskreislauf. Bis zum 24.12.2013 hatte er auf mich und viele Einhörner gewirkt. Dass der Ursprung in Atlantis zu finden war, hatte ich schon immer unbewusst gespürt. Welche Ausmaße dem ganzen zugrunde lag, hat sich in den vergangenen Monaten gezeigt und das alles hat in intensiven emotionalen Prozessen Heilung erfahren.

Erst in den vergangenen Wochen ist mir bewusst geworden, wie der Fluch seit Atlantis auf mich und mein Leben gewirkt hatte. Durch die schwarzmagische Kraft verlor ich meinen freien Willen. Die Verbindung zu meinem Instinkt, der mich in meinem Leben sicher führte, war »gestört«. Das führte dazu, dass ich von außen steuerbar war und fremdbestimmt werden konnte. Ohne zu wissen, dass meine Gefühle und Eingebungen durch eine fremde Kraft beeinträchtigt waren, verlor ich nach und nach das Vertrauen in mich selbst. Ich traf Entscheidungen – oder eben keine –, die nicht mehr auf mein natürliches Gespür zurückzuführen waren. Der natürliche Fluss meines Ich war blockiert. Die Kraft meines Lichtes als Einhorn verlor an Wirkung. Ich wurde so immer schwächer, und die Opferstruktur manifestierte sich in meinem irdischen Dasein, Leben für Leben.

Ich erinnere mich, dass ich in diesem Leben immer wieder das Gefühl hatte, dass »etwas« Einfluss auf mich hatte, ohne zu erkennen, um wen oder was es sich dabei handelte. Rückblickend gestalteten sich viele Lebenssituationen schwierig. Ich machte einen Schritt nach vorne und meist zwei wieder zurück. Immer wieder fand ich mich in Lebenssituationen, in denen ich Energie verlor und die mir schadeten.

Bis vor kurzem hatte ich nicht verstanden, warum sich dieses Muster immer und immer wiederholte und ich immer blind in eine Falle nach der anderen lief.

Die Arbeit der vergangenen Monate hatte die Tatsache, verflucht zu sein, ans Licht gebracht. Die schwarzmagische Energie des Fluches löste Annika an Weihnachten auf. Das Gefühl, gefangen zu sein, und die Angst, einer Kraft von außen ausgeliefert zu sein, heilte ich mit meiner eigenen Einhornkraft. Ich befreite mich selbst und kehrte so in meine eigene Kraft zurück. Die Opferhaltung löste sich und mit ihr alle Gefühle von Schwäche und Angriff.

In Irland hatte ich mich »unbewusst« mit meinen atlantischen Wurzeln verbunden. Meine Seele erinnerte sich an das, was einst geschehen war. Kein Wunder, dass ich in den drei Wochen meiner Reise mit heftigen emotionalen Gefühlen und Ängsten konfrontiert worden war. Jetzt war das Puzzle komplett. Mit der Heilung löste sich nun auch endlich die Blockade im Kreuzbein. Sie war die offene Stelle am Rücken meines Einhornwesens gewesen.

Der Magier hatte mich also erst verflucht. Durch meinen vernebelten Instinkt fühlte ich nicht, dass mir nach und nach Gift verabreicht wurde, vermutlich in Getränken. Nun war ich auch in meinem Ursprungswesen als Einhorn angreifbar, und Schattenelfen griffen die Einhörner mit Giftpfeilen an. Der Angriff in Atlantis geschah zeitgleich im Elementarreich, da alles miteinander verbunden ist. Dem Magier von einst habe ich verziehen, und der Vertrauensbruch ist geheilt. Das Gift ist aus meinem Körper heraus, und der Fluch hat sich in dem Licht meiner Ursprungskraft für immer aufgelöst.

Ich habe mich gefragt, wie Schwarzmagie funktioniert, um meine eigene Geschichte zu verstehen. Mein Seelenzwillingsbruder Elias hat sich sehr mit diesem Thema beschäftigt. Er selbst hat weder mit dem Fluch noch Machtmissbrauch ein Thema und dadurch eine abgeklärte Sichtweise. Beim Fertigstellen des Buches habe ich ihn nach seiner Meinung gefragt. Er hat mir ein paar Gedanken zu dem Thema geschrieben, die ich hier gerne anführen möchte, da sie für mich absolut stimmig und nachvollziehbar sind:

Durch dunkle Kräfte wurden in dem so genannten Atlantis harmonische Strukturen zerstört. Durch Anwendung von Gewalt wurden Existenzen zerrissen und in die Knie gezwungen. Das Licht wurde von Wesen, die keine Spielregeln kennen und die Gesetzte der Schöpfung missachteten, in seiner Unschuld überrannt und in einen Krieg gezwungen. Diese Fraktion, die nach dem Prinzip des Chaos ihre Ziele verwirklichte, missachtet den freien Willen eines jeden. Sie missbrauchten Rituale, Symbole, und Kraftzeichen und setzen Gewalt ein, um ihre Macht, ihren Einfluss und ihre Besitztümer zu vergrößern. Die dadurch entstandene Angst machte die Menschen angreifbar. Diese Machenschaften bedienten sich auch der Kraft geistiger Wesen und von Dämonen, die sich gegen das Licht entschieden hatten. Jetzt konnten sie ihren Willen ungefragt aufzwängen.

Das, was wir als Magie bezeichnen, verliert seine Wirkung in dem Moment, wo der Blick hinter die Schleier fällt. Wenn wir die Wirkung gewisser Energien wahrnehmen, bezeichnen wir das als Magie. Wenn wir die Wirkung physischer Dinge wahrnehmen, tun wir das nicht. Doch es ist ein Schöpfungsgesetz, dass alle Materie nur darum materiell wahrnehmbar ist, weil sie von der Schwingung im wirkenden Geist in sichtbare Form gebracht wurde. Dieser Geist ist es, der die Impulse für das Wirken von Magie möglich macht. Somit ist alles Leben, ob nun sichtbar oder unsichtbar, Magie.

Die Magie, die die göttliche Wahrheit vom ursprünglichen Atlantis verschleiert und das Entstehen einer künstlichen Matrix, in der die Irren regieren und die Weisen unterdrückt werden, heraufbeschworen hat, dient bis heute als Werkzeug, um die Wahrheit des göttlichen Ursprungs in jedem zu unterdrücken.

Wir alle kennen die magischen Shows von bekannten Magiern und Gauklern. Hier werden mit Schall und Rauch oder auch smoke and mirrors die Menschen in einen Zustand der Trance versetzt. Durch angewandte Psychologie, Hypnosetechnik, Ablenkungsmanöver und moderner technische Geräte wird die Illusion von Zauber geschaffen und die Wahrnehmung getäuscht.

Eine neue Erscheinung sind inzwischen Magier, die ohne große Bühne auskommen. Auf offener Straße brechen sie mit Hilfe sogenannter Dämonen und verirrter geistiger Wesen die physikalischen Gesetze.

Ich beschreibe das Werk dieser Gaukler, um deutlich zu machen, mit welchen im Grunde billigen Tricks große Wirkung erzielt werden kann und der menschliche Geist in den Bann gezogen wird.

Diese Tricks sind also nichts anderes als Werkzeuge, um deinen Glauben zu manipulieren.

Und das ist es, worum es diesen faulen Zaubermeistern oder auch Machteliten geht. Den Glauben der Menschen nachhaltig zu manipulieren, wegführend von der Schöpfungswahrheit hin zum Irrtum, der Glaube an das Abgetrenntsein und den Mangel und die Notwendigkeit, bis zum Tod für seinen materiellen Besitz zu kämpfen. So behalten diese Eliten seit dem Untergang von Atlantis bis heute ihre Macht. (Quelle: Elias Hering)

***

Ich habe den Fluch und seine Auswirkungen geheilt, und meine Erinnerungen an Atlantis sind nun mit Frieden erfüllt.

Atlantis versank mit seiner einstigen Schönheit in den Fluten des uns heute bekannten Atlantik, und sein Erbe wartet bis heute darauf, in Frieden weitergelebt zu werden; auf neuen Pfaden, neuen Wegen und dennoch verbunden wie einst. Ich weiß nicht, wohin der Weg uns führt. Was ich weiß, ist, dass die schwarzmagischen Energien an Einfluss verlieren und zwar weltweit und auf allen Ebenen. Die Seelen, die in Liebe miteinander verbunden sind, finden wieder zusammen, und ich glaube, dass wir uns in dem neuen, das eigentlich ein ganz altes und ursprüngliches Zeitalter ist, wieder treffen. Die Zeiten der Zerstörung und Angst sind vorbei. Die Einhörner sind frei, und damit hat die Liebe wieder ihre Kraft, und sie wird uns alle führen: in die Heilung und hin zu unserem inneren Frieden mit allem was war, ist und jemals sein wird.

Gerne begleite ich diesen Weg. Weitere Infos zu meinen schamanischen Beratungen, meiner Heilarbeit und zu Seminaren und Heilessenzen unter

Telefon 0176 64085230 oder 040 23552390
oder auf
www.unicorn-network-hamburg.de
www.unicorn-network.de

Die Regenbogenbrücke

Der Wald lag ruhig und still in eine glitzernde Schneedecke gehüllt. Die Tannenzweige bogen sich unter der weißen Pracht. Der Wind raschelte leise in den Baumkronen, und ein paar Vögel zwitscherten hier und da ihr Lied. Wälder gibt es wahrlich viele, und jeder von ihnen ist mit der alten Magie der Natur verbunden. Doch dieser Wald war ein ganz besonderer.

Oh, entschuldigt! Es wäre wohl angebracht, mich bei euch vorzustellen: Man nennt mich Oberon, den Elfenkönig. Das Land, aus dem ich stamme, liegt weit hinter den Bergen, den Ozeanen und Wüsten eurer Welt. Es ist ein Ort, an dem sich die Zeit in der Unendlichkeit verliert, Namen keine Bedeutung mehr haben und die Sterne ihre Botschaften im Glitzern des Firmamentes spiegeln. In meinem Reich lebten einst die Elementarwesen in Frieden und Harmonie miteinander.

Ein jeder im gesamten Universum wusste um die Freundlichkeit seiner Bewohner. Die Elfen und Zwerge waren Vertraute der Einhörner, und gemeinsam kümmerten sie sich um die Menschen und die Natur auf der Erde. Jeder Baum kannte seinen Platz, an dem er seine Kraft zum Ausdruck brachte. Jedes Tier war sich seiner Aufgabe bewusst, und es war genügend Raum für ihre Ausführung vorhanden. Selbst die Trolle beteiligten sich sinnvoll an dem universellen Spiel und seinen immerwährenden Gesetzen.

Demnach hatte jede Tat, jeder Gedanke und jede Handlung Einfluss auf die Gesamtheit des Seins und ihrer Lebewesen. In den Hainen der Feen herrschte stetig ein emsiges Treiben, und die Luft vibrierte vom aufgeregten Flattern ihrer kleinen Flügel. Ihr kostbarer Staub ließ die Träume der Menschen wahr werden und gab den Kindern die Kraft, ihren Glauben zu bewahren. Es wäre weder mir noch meinen Artgenossen in den Sinn gekommen, dass sich jemals etwas an diesem Jahrtausende währenden Zyklus hätte ändern können. Aber es sollte anders kommen.

Um keine Verwirrung zu stiften, sollte ich vielleicht von vorn beginnen. Möget ihr meine sprunghafte Art des Erzählens verzeihen, verehrtes Publikum. Aber dies ist der Elfen wichtigster Wesenszug. Doch bin ich nicht gekommen, um die Unterschiede zwischen der Menschenwelt und dem Feenreich zu erörtern. Zumal dies ein Studium von vielen Lebensaltern voraussetzt und wohl kaum in wenigen Stunden erklärt werden kann.

Nein, man hat mich heute Abend zu euch gesandt, damit ich die wahre Geschichte von Saaphir, dem Einhorn, erzähle. Für den einen mag es nur ein Märchen sein, und so soll er seine Freude daran haben. All denen unter euch jedoch, die den Glauben an ihre Träume noch nicht verloren und die Wahrheit des Regenbogens nicht vergessen haben, wird sich heute ein altes Tor öffnen, das die Pforte zu einem längst vergessenen Wissen ist. So lauscht nun der Botschaft, die ich zu überbringen habe, und erkennt die Wahrheit, die sich in ihr offenbart.

Vor vielen Tausenden von Jahren lebten die Einhörner in Frieden und Harmonie mit den Menschen. In dieser Zeit wurden die Tiere geehrt und die Natur respektiert, und die Liebe war die einzige Sprache auf der Erde, die gesprochen wurde. Jedes Lebewesen lebte im Einklang mit sich und dem Weltganzen. Neid und Hass waren den Menschen fremd, denn sie wussten, dass von allem genug vorhanden war. Die Druiden und Magier nutzten ihre Gaben weise, und es war ganz selbstverständlich, dass wir unser Wissen miteinander teilten. Die alten Riten und Feste, die dazu dienten, die Welten miteinander zu verbinden, waren heilig.

Nicht selten kam es vor, dass Auserwählte in unser Reich reisten und dort für einige Jahre lebten. Wir lernten viel voneinander, und unsere Existenz war ein Teil eures eigenen Lebens.

Der Wald, den ich bereits beschrieb, war die Heimat von Saaphir dem Einhorn. Sie lebte dort mit ihren Brüdern und Schwestern. Die Einhörner wurden wegen ihrer Reinheit verehrt und waren enge Vertraute der Priesterinnen. Man sagt diesen magischen Geschöpfen bis heute wundersame Heilkräfte nach. Tatsächlich ist es ihnen möglich, durch eine einzige Berührung mit ihrem Horn die Herzen der Menschen zu heilen. Sie kennen die Wünsche einer jeden Seele, und oft suchten die Menschen bei ihnen Rat. Ihre Kraft liegt im Ursprung der bedingungslosen Liebe, und das machte sie zu den mächtigsten Wesen dieser Zeit.

Eines Tages jedoch entbrannte unter den Weisen ein Kampf. Matrix, ein großer Zauberer seiner Zunft, wollte die gesamte Macht des Universums für sich. Mit Tücke und Hinterlist gelang es ihm, die Reihen der Hexen und Druiden zu entzweien. Die Menschen wussten bald nicht mehr, wem sie trauen konnten, und Angst verbreitete sich unter ihnen. Die Verbündeten von Matrix jagten das alte Wissen erbarmungslos. Sie hatten es besonders auf die Magie der kostbaren Hörner der Sternenpferde abgesehen. Mit der zunehmenden Angst verlor der Glaube seine Kraft, und ohne den war es uns bald nicht mehr möglich, in eurer Welt zu existieren.

Saaphir und die anderen Einhörner mussten fliehen und versteckten sich immer tiefer in den Wäldern. Cassandra, eine junge Priesterin, war Saaphirs Freundin. Da die kleine Einhornstute fast noch ein Fohlen war, ängstigte sie die Veränderung auf der Erde sehr. In einer sternenklaren Nacht, als das silberne Mondlicht ihr dunkles Versteck tief im Unterholz ein wenig erhellte, kuschelten sich die beiden Freundinnen eng aneinander. Das Sternenpferd zitterte, und Cassandra legte liebvoll ihren Mantel um sie. »Was wird nur aus uns werden?«, fragten sie sich. In ihrer Not fing Cassandra an, ein altes Zauberlied zu singen, das sie einst bei ihrer Meisterin gelernt hatte. Ob es an den alten Formeln lag oder zu ihrem Schicksal gehörte, vermag heute keiner mehr genau zu sagen, doch es sollte so sein, dass ihnen das alte Orakel eine Botschaft überbrachte.

Soweit ich weiß, macht sich das Orakel eher selten die Mühe, auf der Erde zu erscheinen. In den alten Geschichtsbüchern heißt es, das Orakel sei in der Gestalt einer weißen Taube erschienen. Im Antlitz des Mondes schimmerte ihr Gefieder schneeweiß, während sie zu Saaphir sprach: »Geliebtes Einhorn, gehe mit deiner Freundin immer gen Westen. Ihr braucht euch von nun an nicht mehr zu fürchten. Der alte Merlin erwartet euch bereits. Allerdings wirst du dich für den Rest deiner Zeit verstecken müssen, denn nur so bist du vor den dunklen Mächten in Sicherheit. Es werden noch viele Leben ins Land ziehen, ehe du deine Vorhersehung erfüllen wirst. Von nun an wird auf der Erde die Dunkelheit herrschen und ihre Gefährten zu sich holen. Wenn der Tag gekommen ist, da die Menschen bereit sind, ihre Herzen wieder für die Liebe zu öffnen, dann Saaphir, wirst du dich erinnern. Sie werden zu dir kommen, so wie einst, und dich um deinen Rat fragen. Doch vorher wirst auch du die Wahrheit vergessen. Aber sei gewiss mein Liebes, dass du auf immer beschützt und geliebt bist, und dein Schicksal wird dich leiten.«

Mit diesen Worten verschwand das alte Orakel. Saaphir und Cassandra waren überwältigt und taten wie ihnen geheißen war. Sie fanden den alten Merlin und bei ihm ein sicheres Zuhause, weit von ihrer alten Heimat. Wie das Orakel prophezeit hatte, herrschte die Dunkelheit schon bald über die Länder. Hass, Missgunst und Angst verschlossen die Herzen der Menschen und verbannte somit die Liebe aus ihrem Leben. Gefangen in der Dunkelheit, überschattete von nun an die Angst die Erde und ihre Bewohner.

Im Laufe ihres Lebens dachte das Einhorn immer seltener an die Worte der Taube jener Vollmondnacht. So vergingen die Jahrhunderte. Die Menschheit hatte uns vergessen, und Einhörner galten nur noch als Fabelwesen. Einzig die alten Völker wussten um die Notwendigkeit unserer Verbindung, doch wurde ihren Traditionen schon lange kein Gehör mehr geschenkt und dem alten Wissen verächtlich die kalte Schulter gezeigt. Die Tore der Zwischenwelten wurden verschlossen, und mit ihnen verschwanden die Fantasie und das Licht auf eurem Planeten. Hier und da gab es Wesen unter euch, die sich an die glücklichen Tage der Vergangenheit, die in vieler Munde auch das Goldene Zeitalter genannt wird, erinnerten. Wie Sterne leuchteten sie in der Finsternis, doch ihr Glanz erreichte die gefrorenen Herzen nicht. Die Zeit verstrich, und die Lage spitzte sich immer weiter zu.

Das Universum beobachtete die Entwicklung auf der Erde mit wachsender Sorge. Da euer Planet ein wichtiger Bestandteil des Ganzen ist, fand sich der alte Rat eines Tages zusammen, das war vor noch gar nicht so langer Zeit. Geschöpfe und Wesen sämtlicher Galaxien trafen ein, um zu beratschlagen, wie man der Erde helfen könne. Auch das alte Orakel war unter ihnen, und es erinnerte daran, welche wundervolle Macht einst die Einhörner hatten. Dies war bekannt, doch ohne die Kraft des Glaubens war es ihnen unmöglich, die Schwere der Dunkelheit auf der Erde zu ertragen. Die Einhörner hatten sich zurückgezogen, und viele von ihnen trugen den Schmerz der Vergessenheit in sich. Erst wenn die Menschen wieder bereit wären, mit ihren Herzen zu sehen, würde es ihnen möglich sein, über die alten Brücken hinabzusteigen. Die Ratsmitglieder machten darauf aufmerksam, dass die Angst dabei war, selbst das letzte Fünkchen Licht zu vernichten. Es schien keine Hoffnung mehr zu geben.

Ungefähr zur selben Zeit, fernab der Sorgen und Hoffnungslosigkeit der Ratsmitglieder, saß Saphira an ihrem Küchenfenster. Die ersten Schneeflocken des Jahres fielen vom Himmel, und sie sah ihrem fröhlichen Tanz zu. Seit einigen Tagen spürte die junge Frau eine tiefe, nicht greifbare Sehnsucht in sich. Diese war ihr nicht fremd, denn sie begleitete die junge Frau bereits ihr ganzes Leben. In den vergangenen Wochen jedoch kam sie immer häufiger, und Saphira machte sich allmählich Gedanken um ihren Gemütszustand. Einerseits gehörte das Gefühl zu ihrem Wesen dazu, doch zugleich schien es einen anderen Ursprung zu haben. Wann immer sie versuchte, dies zu ergründen, verschwanden die Spuren in einer gähnenden Leere. Ihr junges Leben war gezeichnet von vielen Tagen, ja sogar Wochen, die sie fernab von anderen Menschen verbrachte; die beste Voraussetzung, um in der Stille eine Antwort zu finden. Doch so sehr sie auch nach einer Erklärung suchte, blieb ihr diese allem Anschein nach verwehrt. Wieder einmal sehr nachdenklich, blickte sie aus dem Fenster und fragte sich mit einem Mal, wo wohl die Zeit geblieben war, in der die Menschen sich noch Geschichten erzählten und die Fantasie ihre Flügel über das ganze Land ausstreckte.

Sinnend stellte sie fest, dass sie seit ihrer Kindheit das Gefühl in sich trug, anders zu sein. Sie versuchte, ihren Weg in der Gesellschaft zu finden, doch wo immer sie war, sagte man ihr: »Saphira, irgendwie bist du anders. Du gehörst nicht zu uns.«

»Liegt es vielleicht daran, dass ich die Magie der Natur sehe und weiß, dass sie den Feen und Elfen zu verdanken ist? Dass ich mich nicht in der Illusion der Zeit verliere und die Einzigartigkeit des Lebens als Geschenk erkenne, in dem die Liebe die einzige Wahrheit ist, welche alle Seelen miteinander verbindet? Oder hat es damit zu tun, dass ich immer noch die Worte des Windes verstehe?« Saphira ließ ihre Gedanken treiben. Sie wusste, dass jeder Mensch diese Wahrheit kannte, denn sie sah das Licht in jedem. »Bin ich deshalb anders?« überlegte sie weiter. »Vielleicht sind die Menschen nur gefangen von ihrer eigenen Angst. Wenn sie sich doch auch daran erinnern könnten, dass sie ein liebendes und reines Herz in sich tragen.«

Der jungen Frau überkam ein leichter Schauer, während diese Erkenntnis in ihr zu reifen begann. Sich bedenkend, ging sie noch einmal den Pfad ihres bisherigen Lebens zurück. Vielleicht hatte sie ein Zeichen oder eine Spur übersehen, die ihr helfen würde, endlich ihr eigenes Rätsel zu lösen.

Sie war einst ein fröhliches kleines Mädchen gewesen, das munter und frohen Mutes die Welt mit all den schillernden Farben und der unersättlichen Liebe des Lebens entdeckte. Der Glanz der Sterne strahlte aus ihren Augen, und das Leuchten der Sonne umgab ihr ganzes Wesen. Neugierig und freudig tanzte sie leichtfüßig, mit der Unschuld, die nur einem Kind vergönnt ist, durch ihre Abenteuer: gab den Bäumen Namen, besang die Flüsse, küsste die Blumen, sprach zu den Tieren und glaubte an den Zauber der Regenbogenbrücke. Ihr Herz war rein und lag offen wie ein Buch, so tief war ihr Glauben und ihr Vertrauen, denn sie wusste um die Engel, die mit ihr waren. Doch die kleine Saphira spürte sehr bald, dass die Erwachsenen sie nicht verstanden. So sehr sie sich auch bemühte, ihnen die Schönheit des Lebens zu zeigen, sie sahen sie nicht, und daran hatte sich bis zum heutigen Tage nichts geändert. Die Menschen hatten einfach kein Ohr für die Wunder der Feen und die Magie der Einhörner.

Während die Schneeflocken weiter vom Himmel fielen, wünschte sich Saphira nichts sehnlicher, als endlich eine Antwort für sich zu finden. Wie einst als Kind wollte sie ihre bunte und heitere Welt mit anderen teilen, doch wie sollte das gehen, wenn alle immer so beschäftigt waren. Sahen sie denn gar nicht, dass alles nur von einer Matrix geschaffen war? Dass der wahre Zauber hinter der Fassade der Zeit und den Schranken der Hektik liegt und Wunder in jedem Winkel des irdischen Daseins zu finden sind?

Da sich ihre Gedanken gerade im Kreise drehten, entschied sich die junge Frau, in den Zauberwald, wie sie ihn immer nannte, nahe ihrer Wohnung zu gehen. Ein Spaziergang würde ihr gut tun und den Kopf wieder frei machen.

Tatsächlich liebte Saphira diesen Wald. Er hatte auf sie eine magische Wirkung, und jedes Mal schien es ihr, als würde sie in eine andere Welt eintauchen. Was es tatsächlich mit ihrer Liebe zu diesem Wald auf sich hatte, sollte sie noch am selbigen Tage erfahren.

Warm eingehüllt in ihre Jacke, machte sie sich auf den Weg. Es wurde schon langsam dunkel, doch Angst hatte sie keine. Wenn es einen Ort gab, an dem sie sich wirklich sicher fühlte, dann war es dieser Wald. Die kalte Winterluft hatte ihre Wangen leicht gerötet, und mit einem warmen Gefühl im Bauch schritt sie gemächlich voran.

Die bedächtige Stille auf der Straße tat ihr gut, und sie genoss die friedliche Stimmung. Die Häuser der Nachbarschaft waren von vorweihnachtlichen Lichterketten erhellt. Hier und da hing auch schon ein goldener Stern am Fenster. Welch ein friedliches Bild, dachte Saphira, während sie den Feldweg in Richtung Wald einschlug.

Sie lauschte dem Knirschen des Schnees unter ihren Schuhen und freute sich über jede Schneeflocke, die auf ihrer Nase landete. An einer alten Eiche machte sie wie gewohnt einen kurzen Zwischenhalt. Dieser Baum war einer ihrer Kraftorte. Wie immer legte sie ihre Hände auf die rauhe Oberfläche der Rinde und spürte sofort seine wohlige und warme Energie. Das alte Wissen war Saphira nie abhanden gekommen, und so war es für sie ganz selbstverständlich, mit den Wesen der Natur zu kommunizieren. Auch dafür wurde sie oft belächelt, so dass sie bald nicht mehr darüber sprach; ein Grund mehr, warum sie meist das geschäftige Treiben der anderen mied.

Während sie noch an dem Baum stand, hörte sie plötzlich ihren Namen. Zuerst dachte sie, ihre Fantasie spiele ihr einen Streich, doch dann hörte sie wieder den Ruf: »Saphira!«

Die Stimme ließ nicht nach, und so folgte Saphira ihrem Namen, der sie immer tiefer in den Wald zu führen schien. Außer dem Knacken einiger Äste war weit und breit kein Geräusch zu hören. Die Stimme führte sie zu einer kleinen Lichtung, die von Birken gesäumt war. Nebel zog nun über den Waldboden, und plötzlich sah Saphira Tausende kleine Lichter, die wie Sterne funkelten. Es war das Licht der Feen, die nun um sie herumschwirrten.

Noch während die junge Frau versuchte, zu verstehen, was gerade vor sich ging, tauchte wie aus dem Nichts ein Einhorn auf. Sie traute ihren Augen kaum und doch wusste sie, dass es kein Traum war. Ja, viel eher geschah gerade ein Wunder. Das Einhorn war umgeben von einem goldenen Licht und guckte Saphira mit seinen weisen Augen an. Von seinem Horn strahlten die Farben des Regenbogens in den winterlichen Abend hinein. Saphira versuchte immer noch ihre Fassung wieder zu erlangen, unfähig einen klaren Gedanken zu fassen. Das Sternenpferd kam nun auf sie zu und berührte mit seinem samtigen Maul ihre Hände. Das Horn vibrierte die ganze Zeit, und das bunte Licht strömte weiter in die Dunkelheit. Saphira spürte, dass das Einhorn ihr etwas mitteilen wollte, doch war sie viel zu aufgeregt, um sich darauf zu konzentrieren. Bevor das Einhorn wieder im Dunst des immer dichter werdenden Nebels verschwand, stupste es sie noch einmal liebevoll an. Nun wurde auch das Licht der Feen schwächer, doch Saphira stand wie angewurzelt auf der kleinen Waldlichtung.

Überwältigt von dem gerade Erlebten, spürte sie Tränen in ihren Augen. Da es mittlerweile stockdunkel war und sie sich plötzlich sehr verloren fühlte, machte sie sich schließlich mit zügigen Schritten auf den Heimweg.

Glücklich in ihren vertrauten Wänden zu sein, setzte sie sich immer noch geistesabwesend an ihren Kamin. Erst als das Feuer seine beruhigenden Flammen schlug, entspannte sich die junge Frau. Ihr fehlten immer noch die Worte. Geistesabwesend starrte sie an die Wand. Wieder spürte sie Tränen, und während sich das salzige Nass seinen Weg bahnte, sah die junge Frau vor ihrem inneren Auge Bilder aus längst vergangenen Zeiten: Eine Herde Einhörner trabte durch einen Wald. Ein Stück weit hinter ihnen lief eine weiße Einhornstute. Sie war fast noch ein Fohlen und in Begleitung einer jungen Frau, die in einen blauen Umhang gehüllt war. Saphira erkannte, dass es sich um ihren Zauberwald handelte, und auch die Frau schien ihr bekannt und sehr vertraut. Sie sah eine weißsilberne Taube, die über den beiden flog, und endlich erinnerte sie sich an die Begegnung mit dem Orakel vor Hunderten von Jahren.

Sie selbst war einst das kleine Einhorn gewesen, und die Priesterin an ihrer Seite war Cassandra. Da hatte sie nun all die Jahre gebetet, gehofft und gefragt, wer sie sei, ohne eine Antwort zu bekommen. Wie viele Jahre hatte sie im Dunkeln verbracht, ja, wie viele Leben mochten es wohl gewesen sein?

Das Einhorn war ihr erschienen, damit sie sich selbst in ihm erkennen konnte.

Saphira musste immer noch weinen, aber sie spürte, wie erlösend all die Tränen jetzt waren. Endlich gab es auf alles eine Antwort und mit ihr auch den Frieden, den sie sich so sehnlichst gewünscht hatte.

Nun erkannte die junge Frau, dass sie auf der Erde war, um den Menschen den Weg der Liebe zu zeigen, was einst zu den Aufgaben der Einhörner gehörte. Sie besaß die Fähigkeit, das Licht in den Menschen zu wecken, so dass die Angst, die einst von Matrix dem Zauberer geschaffen wurde, endlich im Licht der Liebe verschwinden würde. Saphira verstand nun, dass es zu ihrem Schicksal gehörte, in einem menschlichen Körper auf der Erde zu leben, um die Regenbogenbrücke für die Menschheit wieder sichtbar zu machen.

Während sich Saphiras Fäden aus der Vergangenheit mit der Gegenwart verbanden, feierte der alte Rat – in anderen Sphären, Lichtjahre entfernt von Saphiras Wohnung und dem winterlichen Wald – diese segensreiche Wendung.

Das alte Orakel stand abseits von dem Geschehen. Es freute sich sehr und wusste, nun kehrten auch die Einhörner auf die Erde zurück. Der alte Schmerz, den Saaphirs Brüder und Schwestern mit in die Verbannung von eurem Planeten nahmen, würde nun durch die erwachten Herzen geheilt werden.

Saphiras und Saaphirs Geschichte endet hier und so ist es auch an mir, auf Wiedersehen zu sagen. Ich werde in mein Reich zurückkehren, doch unsere Welten werden von nun an durch die Regenbogenbrücke auf ewig verbunden sein. Nehmt dieses alte Wissen mit nach Hause, meine lieben Freunde, und öffnet eure Herzen für die Geschichten eurer Kinder.

Sie wissen um diese grenzenlosen Brücke:

Denn vor jedem Wunder steht der Glaube, und erst wer glaubt, kann wirklich sehen und die wahre Sprache des Herzens verstehen.

Gibt es »das Böse«?

Das Manuskript für dieses Buch war schon fertig gesetzt, als mich eine Mail von meinem Verleger Andreas Lentz erreichte. Er sagte, es seien noch einige Seiten Platz, und fragte mich, ob ich noch etwas schreiben wolle. Sofort spürte ich, dass dies kein Zufall sein konnte. Ohne zu wissen, was ich noch »zu sagen« hatte, meldete ich zurück, dass ich noch etwas schreiben würde. Ich nahm mir Zeit, um ein Gefühl für den anstehenden Text zu bekommen.

Eine Woche später machte ich es mir an meinem Arbeitstisch bequem, öffnete ein leeres Word-Dokument und begann zu schreiben. In dem nun folgenden Text, möchte ich verdeutlichen, welche Auswirkungen negative Energien auf das menschliche Bewusstsein haben. Das Licht, und damit meine ich die Liebe, ist gezielt »unterdrückt« worden, damit negative Mächte das Ruder in der Hand behalten können. Die Dualität ist dabei, sich zu wandeln, und das Bewusstsein des *Einsseins* erwacht. Wir sind Liebe, und alles andere ist eine Illusion.

***

In den letzten Kapiteln schrieb ich über Atlantis und den Fluch. Die Auswirkungen auf mein persönliches Leben habe ich zu Papier gebracht, und nun liegt es mir sehr am Herzen, jedem Menschen, die dieses Buch in den Händen hält, noch einmal nahezulegen, dass sich bis heute der Einfluss dunkler Energien auf die Erde und ihre Bewohner auswirkt – auf alle Lebewesen.

Es gibt böse Mächte, die nach wie vor das menschliche Bewusstsein lenken und negativ beeinflussen. Dies ist weder

Fantasy-Geschwafel noch ein Anzeichen für Realitätsverlust, sondern ganz im Gegenteil: Vieles, was uns etwa durch Filme wie »Der Herr der Ringe«, »Harry Potter« oder »Legende« bekannt ist, spiegelt die Wahrheit wider. Demnach ist der »Kampf« zwischen Gut und Böse eine uralte Geschichte, die bis zum heutigen Tage fortdauert.

Für mich war es bis vor kurzem nicht wirklich verständlich, was mit Gut und Böse gemeint ist. Zumal für mich »eigentlich« jeder Menschen im Ursprung Liebe ist. Durch das Aufschreiben meines Weges als Einhornseele und das Wissen um das, was mit den Einhörnern einst passierte, erschlossen sich mir nach und nach die Zusammenhänge.

Im Jahr 2014 transformierten sich die Auswirkungen der schwarzmagischen Kräfte von Atlantis. Vielleicht erinnert sich der eine oder andere noch an die drei Vollmonde des »Super Moon« (Juli, August, September). In dieser Periode begann die Transformation. Diese Wandlung und Heilung wird natürlich ihre Zeit in Anspruch nehmen, wenn man bedenkt, dass der Einfluss Tausende von Jahren seine Wirkung hatte. Aufgrund der Transformation zeigen sich nun auch die bösen Mächte, und es erweist sich, dass es tatsächlich böse Wesen und somit auch böse Menschen gibt.

»Böse« bedeutet: ohne Liebe, und jede Handlung und Absicht, die nicht aus der Liebe entsteht, möchte schaden und zerstören. Ich spreche hier nicht, von unseren persönlichen Egostrukturen und davon, dass jeder von uns, auch ich als Mensch, seine eigenen negativen Mechanismen in sich trägt, die durch bewusste spirituelle Arbeit in positive Verhaltensmuster transformiert werden können – nein, ich meine hier bewusst eingesetzte negative Energie.

Wo diese Energie herkommt, vermag ich nicht zu sagen, und natürlich habe ich mich gefragt, warum diese Energien überhaupt »wirken« können. In meiner Wahrnehmung ist alles, was *ist*, Liebe. Meine eigene Geschichte und die Tatsache, als Atlanterin und Einhorn vergiftet und verflucht gewesen zu sein, hat mich zu der Erkenntnis geführt, dass es »das Böse« gibt.

Was verstehe ich unter dem Wort »böse«? Böse bedeutet für mich eine Handlung, die einem anderen Menschen beziehungsweise einem anderen Lebewesen absichtlich Schaden zufügen will. Ein Mensch also, der gezielt andere verletzen, missbrauchen oder gar töten möchte, handelt aus einer bösen Energie heraus. Dadurch sind Menschen, die aus ihrer Verletzlichkeit heraus ihr Herz verschlossen und vielleicht selbst nie Liebe erfahren haben, meist ein »gefundenes Fressen« für angstbesetzte Energien und Besetzungen.

Alles im Universum ist miteinander verbunden, und damit hat jede Handlung, jede Intention immer eine Auswirkung. Wie konnte also das Gleichgewicht aus den Fugen geraten und der natürliche Schutz der Erde und ihrer Bewohner verlorengehen?

***

Außer der unserer irdischen Wahrnehmung zugänglichen Erde existieren noch eine Ober- und eine Unterwelt. Mit der Unterwelt ist in diesem Fall nicht die »böse« Welt oder Hölle gemeint. Sie wird nur als Unterwelt bezeichnet, weil sie das Gegenstück zur Oberwelt ist. Ober- und Unterwelt waren wie Yin und Yang miteinander verbunden. Die Wesen aus der Oberwelt sind die Träger des Lichtes, der Liebe – die Wesen der Unterwelt sind die Träger der Dunkelheit, und damit ist die Sicherheit gemeint. So waren Liebe und Sicherheit als polare Einheit miteinander verbunden.

Das Böse wollte durch die Energie des Lichtes stärker werden, um damit die Welt zu beherrschen. Durch Schattenwesen, etwa Dämonen, wurden die Lichtwesen angegriffen. Vor allem die Einhörner wurden gefangen. Alle Wesen, die Träger und Hüter des Lichtes sind, wurden bewusst oder auch unbewusst durch schwarze Magie angegriffen. Dies geschah sowohl in der Ober- als auch in der Unterwelt. Das Gleichgewicht geriet ins Wanken, und die Welten wurden voneinander getrennt. Von nun an war die Liebe ohne Sicherheit und die Sicherheit ohne Liebe.

***

Für mich persönlich galt eine solche Vorstellung von Ober- und Unterwelt und Dämonen lange Zeit als Phantasiegebilde. Mittlerweile habe ich erkannt, dass es für die Erde und vor allen Dingen die Menschen wichtig ist, diese sogenannten Fantasy-Szenerien als eine noch existierende Wahrheit zu erkennen. Meine Intuition sagt mir, dass die Liebe, also das Licht, die »stärkste« Energie auf der Erde ist und wir, die Menschen, den Weg in das Licht gehen. Unsere Entscheidungen und unser freier Wille führen uns, wenn wir die Wahrheit sehen und vor allen Dingen annehmen, auf diesen Weg.

Deshalb möchte ich jedem Menschen, der diese Zeile nun liest, bitten, die Strukturen und ganz besonders die Einflüsse von außen immer wieder zu »prüfen«. In vielen Angeboten, wie zum Beispiel Versicherungen oder Krediten, aber auch in den Nachrichten, Filmen und esoterischen Produkten, in Channelings oder bei der Energiearbeit genauso wie in Medikamenten und so weiter steckt vielfach noch die Absicht, die Menschheit im Schlafmodus zu halten und »unbewusst« Angst zu schüren. Wer sich an die Geschichte von »Momo« von

Michael Ende und an die grauen Männer erinnert, die auf der Jagd nach ihr sind, findet in diesem wundervollen Werk schon den entsprechenden Aufruf.

Unsere Ursprungsenergie ist die Liebe in uns selbst, und niemand außer uns selbst kann negativen Einflüssen von außen die Macht über uns geben. Deshalb ist es so wichtig, dass wir uns als Menschen an diese eine wahrhaftige Ursprungsenergie erinnern. Sie ist in jedem von uns!

Zum Abschluss möchte ich noch auf mein erstes Buch »Sternenkind«, erschienen 2010 im Wagner Verlag (ISBN 978-3-86683-751-5) verweisen. Auch dieses Buch ist autobiographisch. Es schildert meine ersten spirituellen Erfahrungen, das Erkennen meiner Hellsichtigkeit und vor allen Dingen meine persönliche Auseinandersetzung mit der Tatsache, als Kind der neuen Zeit geboren zu sein. Ich habe einige Zeit im Ausland (Südafrika und Portugal) gelebt und gerade in den Zeiten des Alleinseins, umgeben von der Kraft des Atlantiks und traumhafter Landschaften, wichtige Erkenntnisse und spirituelle Entwicklungsprozesse durchlaufen. Der innere Widerstreit, in unserer Gesellschaft nicht so richtig meinen Platz zu finden, hatte zur Folge, das ich meine Antworten außerhalb der Gesellschaft suchte. Auch Drogenkonsum gehörte zu dieser Suche dazu. Auch dieses Thema habe ich im »Sternenkind« reflektiert. Ich denke, es ist nach wie vor ein wichtiges Thema unserer Zeit.

»Sternenkind« ist der Anfang meiner Reise, und »Auf dem Einhornpfad« kann auch als Fortsetzung zu meinem ersten Werk gelesen werden.

Weitere Titel bei Neue Erde:

Jäh an das Feuer von Schamaninnen versetzt, beginnt mit diesem Erlebnis für Marion Ritz-Valentin eine spannende Entdeckungsreise und ein Einweihungsweg auf mehreren Ebenen: Rückerinnerungen an ein Leben vor 5000 Jahren, Botschaften von sibirischen Schamaninnen und eigene Forschungen anhand von Schriften und Überlieferungen. Immer auf der Suche nach einer Welt, die es einst gegeben haben muss und die zugleich für die Zukunft unsere einzige Hoffnung ist.

Marion Ritz-Valentin
Die Wiedergeburt des Goldenen Zeitalters
Klappenbroschur, 240 Seiten, durchgehend farbige Abbildungen
ISBN 978-3-89060-535-7

»Vielleicht müsste es andere Schulen geben...« – Das ist der Gedanke zweier Klassenkameraden während einer selbstgewährten Freistunde im Wald. Ermattet und gelangweilt vom herkömmlichen Unterricht sehnen sich die beiden nach einem Ort, der allumfassende Entfaltung und Entwicklung ermöglicht, nach einem Refugium für junge Wanderer, die auf der Suche nach Freiheit und Neuland im Geist und in der Welt sind. Und ihre Sehnsucht wird erfüllt. Die beiden Freunde treffen im Wald einen alten bärtigen Mann, der sie auf verschlungenen Wegen zu einem geheimen Platz führt, einer Schule: der Eichenbund-Schule. Es folgt ein ausgedehnter Aufenthalt in der burgähnlichen Anlage. Alles, was die zwei dort sehen, erleben und erklärt bekommen, halten sie in Wort und Bild fest, um es hernach überliefern zu können.

Hans Hansmann, Matthyas Bock
Das Eichenbund-Buch
bibliophiles Hardcover, 208 Seiten, mit 30 Zeichnungen
ISBN 978-3-89060-594-4

Nachdem die Vorstellung, dass in der Natur unsichtbare Intelligenzen am Wirken sind, nicht mehr ganz so absonderlich erscheint, wie noch vor Jahren, ist jetzt die Zeit gekommen für dieses Buch, in dem uns einer vom elbischen Volk der Leprechauns erzählt, wie wichtig die Zusammenarbeit der Menschen mit den Naturgeistern ist. Leicht lesbar und auf unterhaltsame Weise bringt uns die Autorin Tanis Helliwell die Welt der Elfen, Devas und Elementale näher – und selbst Skeptiker werden ihr Vergnügen haben und ins Nachdenken kommen.

Das zweite Buch von Tanis Helliwell, in dem sich die Naturgeister zeigen – wenn auch in einer für uns Menschen nicht immer sehr angenehmen Weise. Auf dieser Tour durch Irland stoßen die Leprechauns Tanis und ihre Gruppe mit ihrem Witz auf deren »blinde Flecken« und bringen sie immer wieder in das »Jetzt« – auch wenn nicht alle Reisenden das als besonders witzig empfinden. Doch letzten Endes ist es eine sehr lehrreiche Pilgerfahrt, auf der sich die große Weisheit der unsichtbaren Reisebegleiter offenbart. Wir Leser, vom Schalk der Naturgeister nicht betroffen, können uns bei der Lektüre bestens amüsieren – und dabei noch etwas dazulernen.

Als isländische Elfenbeauftragte – eine in der Welt einmalige Institution – ist Erla weltweit bekannt geworden. Seit Kindheit hellsichtig, kann sie aber nicht nur von Elfen und Ortskräfte berichten. In diesem Buch erzählt sie aus Ihrem Leben, von ihren Begegnungen in der Astralwelt, ihren Erfahrungen mit Heilgebeten und regt die Leser mit praktischen Übungen immer wieder an, die eigene Wahrnehmung zu erweitern, denn die Realität ist so viel umfassender und vielfältiger, als es uns auf den ersten Blick scheinen mag.

Erla Stefánsdóttir
Lífssyn mín
Lebenseinsichten der isländischen Elfenbeauftragten
Gebunden mit Lesebändchen,
durchgehend mit farbigen Bildern, 208 Seiten
ISBN 978-3-89060-264-6

Sie wurde als »Elfenbeauftragte« bezeichnet, was zwar kein offizieller Titel ist, aber es stimmt: Erla Stefánsdóttir ist hellsichtig und kann Naturwesen sehen. Sie hat auch verschiedentlich geholfen, wieder Frieden zu stiften zwischen den Menschen und Naturgeistern. Dieser unterhaltsame, gleichwohl zum Nachdenken anregende Band enthält skurrile und lustige, manchmal aber auch melancholische und anrührende Geschichten und Anekdoten aus einem an seltsamen Erlebnissen reichen Leben.

Erla Stéfansdóttir
Erlas Elfengeschichten
Die »isländische Elfenbeauftragte« erzählt
Paperback, 128 Seiten, mit ca. 20 farbigen Abbildungen
ISBN 978-3-89060-593-7

In Sten Linnanders Aufzeichnungen begegnet uns die Erde als fühlendes, bewusstes und lebendiges Gegenüber, das in enger Verbindung zu uns steht und Gesprächspartner sein will. Jedes Mal, wenn Menschen begeistert, erregt oder schöpferisch tätig sind, hat sie Anteil daran, sagt sie. Die Erde spricht: Ich bin mit euch zeigt, dass Mensch und Erde ein gemeinsames Ziel haben: Freiheit und Intimität zuzulassen und zusammenzubringen.

In diesem Buch wird die Erde zum Partner einer Menschheit, der klar wird, dass sie schon immer im Kontakt und Austausch mit der Erde steht. Damit öffnet sich der Blick auf eine Zusammenarbeit, die alle Lebensbereiche umfasst. Die Erde möchte, dass wir unsere Geschichte besser verstehen und unsere Zukunft gemeinsam mit ihr gestalten.

Sten Linnander
Die Erde spricht: Ich bin bei euch
Paperback, 192 Seiten
ISBN 978-3-89060-627-9

Ana Pogačnik kann, nicht zuletzt aufgrund der Zusammenarbeit mit ihrem Vater Marko, einen innigen medialen Kontakt zu der Landschaft aufbauen, in der sie sich aufhält. Über die Jahre hat sie viele Orte bereist, und wenn sie sich auf sie einstimmt, dann vernimmt sie ihre Botschaft. In 44 »Briefen« sprechen diese Landschaften zu uns Menschen. Es sind intensive Botschaften, auf die wir uns einlassen, die wir in uns nachhallen und lebendig werden lassen müssen.

Sie öffnen uns für eine neue Dimension der geomantischen Arbeit und für ein gewandeltes Verhältnis zur Erde als einem bewussten und beseelten Wesen.

Ana Pogačnik
Die Erde liebt uns
Wenn die Landschaften sprechen: Briefe an uns Menschen
Paperback, 192 Seiten mit 44 Zeichnungen
ISBN 978-3-89060-608-8

Sie finden unsere Bücher in Ihrer Buchhandlung oder im Internet unter www.neue-erde.de

Im deutschen Buchhandel gibt es mancherorts Lieferschwierigkeiten bei den Büchern von NEUE ERDE. Dann wird Ihnen gesagt, dieses oder jenes Buch sei vergriffen. Oft ist das gar nicht der Fall, sondern in der Buchhandlung wird nur im Katalog des Großhändlers nachgeschaut. Der führt aber allenfalls 50% aller lieferbaren Bücher.

Deshalb: Lassen Sie immer im VLB (Verzeichnis lieferbarer Bücher) nachsehen, im Internet unter **www.buchhandel.de**

Alle lieferbaren Titel des Verlags sind für den Buchhandel verfügbar.

Bitte fordern Sie unser Gesamtverzeichnis an unter

NEUE ERDE GmbH
Cecilienstr. 29 · 66111 Saarbrücken
Fax: 0681 390 41 02 · info@neue-erde.de

NEUE ERDE